PREGUNTAS TEST

PREVENCIÓN DE RIESGOS LABORALES

CAP. I, III Y V

© 2024 EDITORIAL FERROVIARIA

Todos los derechos reservados.

Este libro no puede ser reproducido, distribuido, ni transmitido en ninguna forma ni por ningún medio, sin el permiso previo y por escrito del autor, excepto en el caso de citas breves en reseñas críticas y ciertos otros usos no comerciales permitidos por la Ley de derechos de autor.

Cualquier violación de los derechos de autor puede resultar en acciones legales.

Puede contactar al siguiente correo: librospublic@gmail.com

El presente libro incluye una batería de preguntas test de los capítulos I, III y V de la Ley de Prevención de Riesgos Laborales. Las características del libro son las siguientes:

Preguntas

Las preguntas constan de un enunciado con una numeración, 4 posibles opciones de las cuales sólo UNA es la correcta junto con un párrafo donde figura la respuesta correcta y una justificación literal de la respuesta dentro de la Ley, así como su número de artículo y apartado donde se puede buscar dicha respuesta.

La respuesta de las preguntas estará siempre debajo de la propia pregunta. El libro está escrito para ir estudiando las preguntas en base al orden establecido en la Ley, siendo este libro como una lectura del tema, pero en formato preguntas test.

Dificultad

La dificultad de las preguntas es bastante superior a la de los exámenes oficiales de las OEP anteriores. Muchas de estas preguntas buscan pequeños detalles dentro de la literalidad de la Ley, pero son esos pequeños detalles los que nos van a ayudar a conseguir una nota alta en el examen.

No hay que agobiarse ni rendirse si se fallan muchas preguntas, puesto que en las primeras lecturas se fallarán bastantes, la clave está en ir afianzando nuevos conceptos conforme hacemos varias lecturas del libro, para cuando lleguemos al examen, poder responder de forma inmediata.

Objetivo

El objetivo de este libro es realizar un estudio en formato test de los artículos, siendo esta una lectura mucho más amena que la lectura de los apuntes oficiales, y nos servirá para saber qué nos pueden preguntar en el examen de cada artículo, que es al final lo que nos interesa para sacar plaza.

¡Mucha suerte en el camino a tu plaza!

LEY 31/1995 PREVENCIÓN DE RIESGOS LABORALES

ÍNDICE

LEY 31/1995 PREVENCIÓN DE RIESGOS LABORALES 1
   ÍNDICE 1
   CAPÍTULO I Objeto, ámbito de aplicación y definiciones 2
   CAPÍTULO III Derechos y obligaciones 11
   CAPÍTULO V Consulta y participación 55

CAPÍTULO I Objeto, ámbito de aplicación y definiciones

1. La Ley de Prevención de Riesgos Laborales es:

   a) Ley 53/1984.
   b) Ley 31/1995.
   c) Ley 12/1995.
   d) Ley 39/1997

Respuesta: b). "Ley 31/1995, de 8 de noviembre, de prevención de Riesgos Laborales."

2. El Capítulo I de la Ley de Prevención de Riesgos Laborales se llama:

   a) Objeto y ámbito de aplicación.
   b) Objeto, ámbito de aplicación y definiciones.
   c) Objeto, ámbito de aplicación y derechos de los trabajadores.
   d) Derechos y obligaciones de los trabajadores.

Respuesta: b). "CAPÍTULO I: OBJETO, ÁMBITO DE APLICACIÓN Y DEFINICIONES."

3. ¿Qué elementos constituyen la normativa sobre prevención de riesgos laborales?

   a) Únicamente la presente Ley.
   b) La presente Ley y sus disposiciones de desarrollo o complementarias.
   c) La presente Ley y cualquier norma legal o convencional que contenga prescripciones relativas a la adopción de medidas preventivas en el ámbito laboral o susceptibles de producirlas en dicho ámbito.
   d) La presente Ley, sus disposiciones de desarrollo o complementarias, y cuantas otras cuantas otras normas, legales o convencionales, contengan prescripciones relativas a la adopción de medidas preventivas en el ámbito laboral o susceptibles de producirlas en dicho ámbito.

Respuesta: d) Artículo 1 Ley 31/1995. "La normativa sobre prevención de riesgos laborales está constituida por la presente Ley, sus disposiciones de desarrollo o complementarias y cuantas otras normas, legales o convencionales, contengan prescripciones relativas a la adopción de medidas preventivas en el ámbito laboral o susceptibles de producirlas en dicho ámbito."

4. ¿Qué constituye la normativa sobre prevención de riesgos laborales?

   a) La presente Ley.

b) Sus disposiciones de desarrollo o complementarias.
c) Otras normas legales o convencionales.
d) Todas las anteriores.

Respuesta: d) Artículo 1 Ley 31/1995. "La normativa sobre prevención de riesgos laborales está constituida por la presente Ley, sus disposiciones de desarrollo o complementarias y cuantas otras normas, legales o convencionales, contengan prescripciones relativas a la adopción de medidas preventivas en el ámbito laboral o susceptibles de producirlas en dicho ámbito."

5. ¿Cuál es el objeto de la Ley de Prevención de Riesgos Laborales?

a) Investigar la salud de los trabajadores.
b) Promover la seguridad y salud de los trabajadores.
c) Instaurar la seguridad de los trabajadores.
d) Ninguna es correcta.

Respuesta: b) Artículo 2.1 Ley 31/1995. "La presente Ley tiene por objeto promover la seguridad y la salud de los trabajadores mediante la aplicación de medidas y el desarrollo de las actividades necesarias para la prevención de riesgos derivados del trabajo."

6. ¿Qué establece la Ley de Prevención de Riesgos Laborales a los efectos de promover la seguridad y salud de los trabajadores?

a) La información de los trabajadores.
b) La consulta de los trabajadores.
c) La participación equilibrada de los trabajadores.
d) Todas son correctas.

Respuesta: d) Artículo 2.1 Ley 31/1995. "A tales efectos, esta Ley establece los principios generales relativos a la prevención de los riesgos profesionales para la protección de la seguridad y de la salud, la eliminación o disminución de los riesgos derivados del trabajo, la información, la consulta, la participación equilibrada y la formación de los trabajadores en materia preventiva, en los términos señalados en la presente disposición."

7. ¿Cuáles son los principios generales establecidos por la Ley de Prevención de Riesgos Laborales en relación a la prevención de riesgos profesionales?

a) La protección de la seguridad y de la salud.
b) La eliminación o disminución de los riesgos derivados del trabajo.
c) La información, la consulta, la participación equilibrada y la formación de los trabajadores en materia preventiva.

d) Todas las opciones son correctas.

Respuesta: d) Artículo 2.1 Ley 31/1995. "A tales efectos, esta Ley establece los principios generales relativos a la prevención de los riesgos profesionales para la protección de la seguridad y de la salud, la eliminación o disminución de los riesgos derivados del trabajo, la información, la consulta, la participación equilibrada y la formación de los trabajadores en materia preventiva, en los términos señalados en la presente disposición."

8. Para el cumplimiento de sus fines, la presente Ley de Prevención de Riesgos Laborales regula las actuaciones a desarrollar por:

a) Las Administraciones públicas.
b) Por los empresarios y los trabajadores.
c) Las respectivas organizaciones representativas.
d) Todas son correctas.

Respuesta: d) Artículo 2.1 Ley 31/1995. "Para el cumplimiento de dichos fines, la presente Ley regula las actuaciones a desarrollar por las Administraciones públicas, así como por los empresarios, los trabajadores y sus respectivas organizaciones representativas."

9. Las disposiciones de carácter laboral contenidas en la Ley 31/95 y en sus normas reglamentarias tendrán en todo caso el carácter de:

a) Derecho necesario máximo disponible.
b) Derecho necesario mínimo indisponible.
c) Derecho necesario mínimo disponible.
d) Derecho necesario máximo indisponible.

Respuesta: b) Artículo 2.2 Ley 31/1995. "Las disposiciones de carácter laboral contenidas en esta Ley y en sus normas reglamentarias tendrán en todo caso el carácter de Derecho necesario mínimo indisponible."

10. Las disposiciones de carácter laboral contenidas en esta Ley y en sus normas reglamentarias tendrán en todo caso el carácter de Derecho necesario mínimo indisponible:

a) Pudiendo ser modificadas en los convenios colectivos.
b) No pudiendo ser reguladas en los convenios colectivos.
c) No pudiendo ser mejoradas o desarrolladas en los convenios colectivos.
d) Pudiendo ser mejoradas y desarrolladas en los convenios colectivos.

Respuesta: d) Artículo 2.2 Ley 31/1995. "Las disposiciones de carácter laboral contenidas en esta Ley y en sus normas reglamentarias tendrán en todo caso el carácter de Derecho necesario mínimo indisponible, pudiendo ser mejoradas y desarrolladas en los convenios colectivos."

11. La Ley 31/95 de Prevención de Riesgos Laborales y sus normas de desarrollo serán de aplicación a:

 a) Las relaciones laborales reguladas en el texto refundido de la Ley del Estatuto de los Trabajadores.
 b) Las relaciones de carácter administrativo o estatutario del personal al servicio de las Administraciones Públicas.
 c) Servicios operativos de protección civil y peritaje forense en los casos de grave riesgo, catástrofe y calamidad pública.
 d) Las respuestas a) y b) son correctas.

Respuesta: d) Artículo 3.1 Ley 31/1995. "Esta Ley y sus normas de desarrollo serán de aplicación tanto en el ámbito de las relaciones laborales reguladas en el texto refundido de la Ley del Estatuto de los Trabajadores, como en el de las relaciones de carácter administrativo o estatutario del personal al servicio de las Administraciones Públicas, con las peculiaridades que, en este caso, se contemplan en la presente Ley o en sus normas de desarrollo."

12. Esta Ley y sus normas de desarrollo no serán de aplicación:

 a) En el ámbito de las relaciones laborales reguladas en el texto refundido de la Ley del Estatuto de los Trabajadores.
 b) En el ámbito de las relaciones de carácter administrativo del personal al servicio de las Administraciones Públicas.
 c) A las actividades de las Fuerzas Armadas y actividades militares de la Guardia Civil.
 d) A los socios de las sociedades cooperativas.

Respuesta: c) Artículo 3.2 Ley 31/1995. "La presente Ley no será de aplicación en aquellas actividades cuyas particularidades lo impidan en el ámbito de las funciones públicas de: Fuerzas Armadas y actividades militares de la Guardia Civil."

13. La Ley 31/95 de Prevención de Riesgos Laborales no será de aplicación en aquellas actividades cuyas particularidades lo impidan en el ámbito de las funciones públicas de _____ (señala la incorrecta):

 a) Actividades militares de la guardia civil.
 b) Servicios operativos de protección civil y peritaje forense, en cualquier caso.
 c) Policía y seguridad.
 d) Resguardo aduanero.

Respuesta: b) Artículo 3.2 Ley 31/1995. "La presente Ley no será de aplicación en aquellas actividades cuyas particularidades lo impidan en el ámbito de las funciones públicas de: Policía, seguridad y resguardo aduanero. Servicios operativos de protección civil y peritaje forense en los casos de grave riesgo, catástrofe y calamidad pública. Fuerzas Armadas y actividades militares de la Guardia Civil."

14. No es correcto, respecto a la Ley 31/95 de Prevención de Riesgos Laborales:

   a) Esta Ley inspirará la normativa específica que se dicte para regular la protección de la seguridad y la salud en el ámbito de las Fuerzas Armadas.
   b) En los establecimientos penitenciarios será de aplicación lo dispuesto en la presente Ley, con las particularidades previstas en su normativa específica.
   c) Esta Ley será aplicable a las sociedades cooperativas, constituidas de acuerdo con la legislación que les sea de aplicación, en las que existan socios cuya actividad consista en la prestación de un trabajo personal, con las peculiaridades derivadas de su normativa específica.
   d) Esta Ley no es de aplicación a la policía, seguridad y resguardo aduanero.

Respuesta: b) Artículo 3.3 Ley 31/1995. "En los establecimientos penitenciarios, se adaptarán a la presente Ley aquellas actividades cuyas características justifiquen una regulación especial."

15. Se entenderá por prevención:

   a) Los accidentes y enfermedades que pueda sufrir un trabajador.
   b) Enfermedades, patologías o lesiones sufridas con motivo u ocasión del trabajo.
   c) Actividades o medidas para eliminar o disminuir los riesgos derivados del trabajo.
   d) Actividades o medidas para eliminar o disminuir los daños derivados del trabajo.

Respuesta: c) Artículo 4 Ley 31/1995. "Se entenderá por «prevención» el conjunto de actividades o medidas adoptadas o previstas en todas las fases de actividad de la empresa con el fin de evitar o disminuir los riesgos derivados del trabajo."

16. A efectos de la presente Ley, es definido como el conjunto de actividades o medidas adoptadas o previstas en todas las fases de actividad de la empresa con el fin de evitar o disminuir los riesgos derivados del trabajo:

   a) El equipo de protección individual.
   b) Prevención.
   c) La condición de trabajo.
   d) El equipo de trabajo.

Respuesta: b) Artículo 4 Ley 31/1995. "Se entenderá por «prevención» el conjunto de actividades o medidas adoptadas o previstas en todas las fases de actividad de la empresa con el fin de evitar o disminuir los riesgos derivados del trabajo."

17. Se entiende como riesgo laboral:

a) Cualquier máquina, aparato, instrumento o instalación utilizada en el trabajo y que provoque peligro para la vida del trabajador.
b) Las enfermedades, patologías o lesiones sufridas con motivo u ocasión del trabajo.
c) La posibilidad de que un trabajador sufra un determinado daño derivado del trabajo.
d) Cualquier equipo destinado a ser llevado o sujetado por el trabajador para que le proteja de uno o varios riesgos que puedan amenazar su seguridad o su salud en el trabajo, así como cualquier complemento o accesorio destinado a tal fin.

Respuesta: c) Artículo 4 Ley 31/1995. "Se entenderá como «riesgo laboral» la posibilidad de que un trabajador sufra un determinado daño derivado del trabajo."

18. Para calificar un riesgo desde el punto de vista de su gravedad, se valorará:

a) Las características del centro de trabajo y las condiciones personales del trabajador.
b) La probabilidad de que se produzca el daño y la severidad del mismo.
c) La existencia de procesos, actividades, operaciones, equipos o productos «potencialmente peligrosos» y con las medidas preventivas adoptadas.
d) El tipo de riesgo y el número de posibles afectados.

Respuesta: b) Artículo 4 Ley 31/1995. "Para calificar un riesgo desde el punto de vista de su gravedad, se valorarán conjuntamente la probabilidad de que se produzca el daño y la severidad del mismo."

19. Se considerarán como daños derivados del trabajo:

a) Los accidentes y enfermedades que pueda sufrir un trabajador.
b) Cualquier lesión que sufra el trabajador en su vida diaria.
c) Enfermedades, patologías o lesiones sufridas con motivo u ocasión del trabajo.
d) Enfermedades profesionales y riesgos no laborales.

Respuesta: c) Artículo 4 Ley 31/1995. "Se considerarán como «daños derivados del trabajo» las enfermedades, patologías o lesiones sufridas con motivo u ocasión del trabajo."

20. ¿Qué se entiende por riesgo laboral grave e inminente a efectos de la Ley 31/95?

- a) Aquel que resulte probable racionalmente que se materialice en un futuro inmediato y pueda suponer un daño grave para la salud de los trabajadores.
- b) Aquel que resulte probable racionalmente que se materialice en un futuro no inmediato y pueda suponer un daño grave para la salud de los trabajadores.
- c) Aquel que resulte probable racionalmente que se materialice en un futuro inmediato o pueda suponer un daño grave la salud de los trabajadores.
- d) Aquel que resulte real racionalmente que se materialice en un futuro inmediato y pueda suponer un daño grave para la salud de los trabajadores.

Respuesta: a) Artículo 4 Ley 31/1995. "Se entenderá como «riesgo laboral grave e inminente» aquel que resulte probable racionalmente que se materialice en un futuro inmediato y pueda suponer un daño grave para la salud de los trabajadores."

21. Se considerará riesgo grave e inminente cuando la exposición a agentes susceptibles de causar daños graves a la salud:
- a) Sea probable racionalmente que se materialice en un futuro inmediato de la que puedan derivarse daños graves para la salud, siempre que éstos se manifiesten de forma inmediata.
- b) Sea probable racionalmente que se materialice en un futuro inmediato de la que puedan derivarse daños graves para la salud, siempre que éstos no se manifiesten de forma inmediata.
- c) Sea cierto racionalmente que se materialice en un futuro inmediato de la que puedan derivarse daños graves para la salud, siempre que éstos se manifiesten de forma inmediata.
- d) Sea probable racionalmente que se materialice en un futuro inmediato de la que puedan derivarse daños graves para la salud, aun cuando estos no se manifiesten de forma inmediata.

Respuesta: d) Artículo 4 Ley 31/1995. "Se considerará que existe un riesgo grave e inminente cuando sea probable racionalmente que se materialice en un futuro inmediato una exposición a dichos agentes de la que puedan derivarse daños graves para la salud, aun cuando éstos no se manifiesten de forma inmediata."

22. Se consideran como procesos, actividades, operaciones, equipos o productos potencialmente peligrosos aquellos que:
- a) Originen riesgos para la seguridad y la salud de los trabajadores que los desarrollan o utilizan, en ausencia de medidas preventivas específicas.
- b) Originen riesgos para la seguridad y la salud de los trabajadores que los desarrollan o utilizan, aunque existan medidas preventivas específicas.
- c) Originen riesgos para la seguridad y la salud de los trabajadores que los desarrollan o utilizan, en ausencia de medidas preventivas generales o específicas.
- d) Originen riesgos para la seguridad y la salud de los trabajadores que los desarrollan o utilizan, aunque existan medidas de protección generales.

Respuesta: a) Artículo 4 Ley 31/1995. "Se entenderán como procesos, actividades, operaciones, equipos o productos «potencialmente peligrosos» aquellos que, en ausencia de medidas preventivas específicas, originen riesgos para la seguridad y la salud de los trabajadores que los desarrollan o utilizan."

23. Es definido como cualquier máquina, aparato, instrumento o instalación utilizada en el trabajo:

   a) La condición de trabajo.
   b) El equipo de protección individual.
   c) El equipo de trabajo.
   d) Un agente susceptible de causar daños.

Respuesta: c) Artículo 4 Ley 31/1995. "Se entenderá como «equipo de trabajo» cualquier máquina, aparato, instrumento o instalación utilizada en el trabajo."

24. ¿Qué se entiende por "condición de trabajo" según la definición proporcionada?

   a) Características generales del hogar del trabajador.
   b) Cualquier característica del trabajo que pueda tener una influencia significativa en la generación de riesgos para la seguridad y la salud del trabajador.
   c) La forma en la que el trabajador realiza sus actividades de trabajo, atendiendo a las medidas de prevención y protección de riesgos.
   d) La forma en la que el trabajador realiza las actividades de prevención de riesgos laborales.

Respuesta: b) Artículo 4 Ley 31/1995. "Se entenderá como «condición de trabajo» cualquier característica del mismo que pueda tener una influencia significativa en la generación de riesgos para la seguridad y la salud del trabajador."

25. ¿Cuál de las siguientes opciones está incluida en la definición de "condición de trabajo"?

   a) Las lesiones que pueda sufrir el trabajador fuera del horario laboral.
   b) Los riesgos presentes en el trayecto al trabajo.
   c) Los procedimientos para la utilización de los agentes químicos.
   d) Historial médico del trabajador.

Respuesta: c) Artículo 4 Ley 31/1995. "Se entenderá como «condición de trabajo» cualquier característica del mismo que pueda tener una influencia significativa en la generación de riesgos para la seguridad y la salud del trabajador. Quedan específicamente incluidas en esta definición: c) Los procedimientos para la utilización de los agentes citados anteriormente que influyan en la generación de los riesgos mencionados."

26. ¿Cuál de las siguientes opciones no está incluida en la definición de "condición de trabajo"?

    a) La naturaleza de los agentes geológicos presentes en el ambiente de trabajo y sus correspondientes intensidades, concentraciones o niveles de presencia.
    b) Las características generales de los locales, instalaciones, equipos, productos y demás útiles existentes en el centro de trabajo.
    c) Los procedimientos para la utilización de los agentes citados anteriormente que influyan en la generación de los riesgos mencionados.
    d) Todas aquellas otras características del trabajo, incluidas las relativas a su organización y ordenación, que influyan en la magnitud de los riesgos a que esté expuesto el trabajador.

Respuesta: a) Artículo 4 Ley 31/1995. "Quedan específicamente incluidas en esta definición: b) La naturaleza de los agentes físicos, químicos y biológicos presentes en el ambiente de trabajo y sus correspondientes intensidades, concentraciones o niveles de presencia."

27. ¿Qué se entiende por "equipo de protección individual"?

    a) Cualquier equipo que sea llevado o sujetado por el trabajador para protegerlo de uno o varios riesgos que puedan amenazar su seguridad o salud en el trabajo.
    b) Cualquier equipo que sea utilizado por el trabajador para protegerlo de riesgos ambientales en el lugar de trabajo.
    c) Cualquier equipo que sea utilizado por el trabajador para protegerlo de enfermedades en el lugar de trabajo.
    d) Cualquier equipo que sea utilizado por el trabajador para protegerlo de posibles accidentes en el trabajo.

Respuesta: a) Artículo 4 Ley 31/1995. "Se entenderá por «equipo de protección individual» cualquier equipo destinado a ser llevado o sujetado por el trabajador para que le proteja de uno o varios riesgos que puedan amenazar su seguridad o su salud en el trabajo, así como cualquier complemento o accesorio destinado a tal fin."

CAPÍTULO III Derechos y obligaciones

28. El capítulo III de la Ley de Prevención de Riesgos Laborales se llama:

   a) Consulta y participación.
   b) Derechos del empresario en materia de prevención.
   c) Derechos y obligaciones.
   d) Información y formación.

Respuesta: c) "CAPÍTULO III: DERECHOS Y OBLIGACIONES."

29. La protección eficaz en materia de seguridad y salud en el trabajo:

   a) Es un deber de los trabajadores, del empresario y de las Administraciones Públicas.
   b) Es un derecho y un deber de los trabajadores, del empresario y de las Administraciones Públicas.
   c) Es un derecho de los trabajadores y un deber del empresario y de las Administraciones Públicas.
   d) Es un derecho de los trabajadores y del empresario y un deber de las Administraciones Públicas.

Respuesta: c) Artículo 14.1 Ley 31/1995. "Este deber de protección constituye, igualmente, un deber de las Administraciones públicas respecto del personal a su servicio."

30. ¿Cuáles son los derechos que forman parte del derecho de los trabajadores a una protección eficaz en materia de seguridad y salud en el trabajo, según la Ley 31/1995?

   a) Derecho a la negociación colectiva, derecho al descanso semanal, derecho a la formación profesional y derecho a la libre asociación.
   b) Derecho a la información, consulta y participación, derecho a la formación en materia preventiva, derecho a la paralización de la actividad en caso de riesgo grave e inminente y derecho a la vigilancia de su estado de salud.
   c) Derecho a la libre elección de su jornada laboral y derecho a un seguro médico privado.
   d) Derecho a la libre asociación, derecho a la negociación colectiva, derecho a la formación profesional y derecho a la igualdad de oportunidades.

Respuesta: b) Artículo 14.1 Ley 31/1995. "Los derechos de información, consulta y participación, formación en materia preventiva, paralización de la actividad en caso de riesgo grave e inminente y vigilancia de su estado de salud, en los términos previstos en la presente Ley, forman parte del derecho de los trabajadores a una protección eficaz en materia de seguridad y salud en el trabajo."

31. Forma parte del derecho de los trabajadores a una protección eficaz:

a) Formación en materia preventiva.
b) Paralización de la actividad en caso de riesgo grave e inminente.
c) Consulta y participación.
d) Todas son correctas.

Respuesta: d) Artículo 14.1 Ley 31/1995. "Los derechos de información, consulta y participación, formación en materia preventiva, paralización de la actividad en caso de riesgo grave e inminente y vigilancia de su estado de salud, en los términos previstos en la presente Ley, forman parte del derecho de los trabajadores a una protección eficaz en materia de seguridad y salud en el trabajo."

32. Los derechos que específicamente forman parte del derecho a la protección eficaz de los trabajadores son:

a) Información, consulta, participación, formación, paralización, vigilancia de su estado de salud y protección de la maternidad.
b) Información, consulta, participación, formación, paralización y vigilancia de su estado de salud.
c) Información, consulta, participación, paralización, vigilancia de su estado de salud y planificación de la prevención.
d) Información, consulta, participación, formación, paralización, vigilancia de su estado de salud y evaluación de riesgos.

Respuesta: b) Artículo 14.1 Ley 31/1995. "Los derechos de información, consulta y participación, formación en materia preventiva, paralización de la actividad en caso de riesgo grave e inminente y vigilancia de su estado de salud, en los términos previstos en la presente Ley, forman parte del derecho de los trabajadores a una protección eficaz en materia de seguridad y salud en el trabajo."

33. ¿Qué debe hacer el empresario en cumplimiento del deber de protección de los trabajadores, según lo establecido en la Ley 31/1995?

a) Garantizar la seguridad de los trabajadores solo en casos de emergencia.
b) Proteger la salud de los trabajadores en relación a los riesgos directos de la actividad laboral.
c) Realizar la prevención de los riesgos laborales mediante la integración de la actividad preventiva en la empresa y la adopción de cuantas medidas sean necesarias para la protección de la seguridad y la salud de los trabajadores.
d) Garantizar la seguridad de los trabajadores solo en las actividades consideradas peligrosas.

Respuesta: c) Artículo 14.2 Ley 31/1995. "El empresario realizará la prevención de los riesgos laborales mediante la integración de la actividad preventiva en la empresa y la adopción de cuantas medidas sean necesarias para la protección de la seguridad y la salud de los trabajadores."

34. ¿Qué medidas debe tomar el empresario para garantizar la seguridad y la salud de los trabajadores a su servicio, según la Ley 31/1995?

- a) Integrar la actividad preventiva en la empresa.
- b) Adoptar cuantas medidas sean necesarias para la protección de la seguridad y la salud de los trabajadores.
- c) Realizar la evaluación de riesgos laborales.
- d) Todas las anteriores son correctas.

Respuesta: d) Artículo 14.2 Ley 31/1995. "El empresario realizará la prevención de los riesgos laborales mediante la integración de la actividad preventiva en la empresa y la adopción de cuantas medidas sean necesarias para la protección de la seguridad y la salud de los trabajadores, con las especialidades que se recogen en los artículos siguientes en materia de plan de prevención de riesgos laborales, evaluación de riesgos, información, consulta y participación y formación de los trabajadores, actuación en casos de emergencia y de riesgo grave e inminente, vigilancia de la salud, y mediante la constitución de una organización y de los medios necesarios en los términos establecidos en el capítulo IV de esta ley."

35. ¿Qué debe hacer el empresario para desarrollar una acción permanente de seguimiento de la actividad preventiva?

- a) Garantizar la seguridad y la salud de los trabajadores en todos los aspectos relacionados con el trabajo.
- b) Realizar la prevención de los riesgos laborales mediante la integración de la actividad preventiva en la empresa y la adopción de cuantas medidas sean necesarias para la protección de la seguridad y la salud de los trabajadores.
- c) Disponer lo necesario para la adaptación de las medidas de prevención a las modificaciones que puedan experimentar las circunstancias que incidan en la realización del trabajo.
- d) Todas las anteriores son acciones que debe realizar el empresario para desarrollar una acción permanente de seguimiento de la actividad preventiva.

Respuesta: d) Artículo 14.2 Ley 31/1995. "El empresario desarrollará una acción permanente de seguimiento de la actividad preventiva con el fin de perfeccionar de manera continua las actividades de identificación, evaluación y control de los riesgos que no se hayan podido evitar y los niveles de protección existentes y dispondrá lo necesario para la adaptación de las medidas de prevención señaladas en el párrafo anterior a las modificaciones que puedan experimentar las circunstancias que incidan en la realización del trabajo."

36. ¿Quién es responsable de cumplir con las obligaciones establecidas en la normativa sobre prevención de riesgos laborales?

   a) Los trabajadores.
   b) Las entidades especializadas.
   c) El empresario.
   d) Los servicios de la empresa.

Respuesta: c) Artículo 14.3 Ley 31/1995. "El empresario deberá cumplir las obligaciones establecidas en la normativa sobre prevención de riesgos laborales."

37. Respecto al derecho a la protección frente a los riesgos laborales:

   a) Los trabajadores tienen derecho a una protección eficaz en materia de seguridad en el trabajo, pero no de la salud.
   b) El derecho de paralización de la actividad en caso de riesgo probable no forma parte del derecho de los trabajadores a una protección eficaz en materia de seguridad y salud en el trabajo.
   c) El empresario deberá cumplir las obligaciones establecidas en la normativa sobre prevención de riesgos laborales.
   d) El coste de las medidas relativas a la seguridad y la salud en el trabajo podrá recaer sobre los trabajadores.

Respuesta: c) Artículo 14.3 Ley 31/1995. "El empresario deberá cumplir las obligaciones establecidas en la normativa sobre prevención de riesgos laborales."

38. Según lo establecido en la Ley de Protección y Prevención en el Trabajo, ¿cómo se relacionan las obligaciones de los trabajadores con las acciones del empresario en materia de protección y prevención?

   a) Los trabajadores eximen al empresario de cualquier responsabilidad en materia de protección y prevención.
   b) Los trabajadores tienen la responsabilidad principal en todas las acciones de protección y prevención en la empresa.
   c) Los trabajadores complementan las acciones del empresario en protección y prevención, sin eximir al empresario de su deber.
   d) Los trabajadores asumen la responsabilidad total de la protección y prevención, dejando al empresario sin ningún deber en esta materia.

Respuesta: c) Artículo 14.4 Ley 31/1995. "Las obligaciones de los trabajadores establecidas en esta Ley, la atribución de funciones en materia de protección y prevención a trabajadores o servicios de la empresa y el recurso al concierto con entidades especializadas para el desarrollo de actividades de prevención complementarán las acciones del empresario, sin que por ello le

eximan del cumplimiento de su deber en esta materia, sin perjuicio de las acciones que pueda ejercitar, en su caso, contra cualquier otra persona."

39. ¿Cuál de estas medidas no complementa las acciones del empresario?

- a) Las obligaciones de los trabajadores establecidas en esta Ley
- b) La atribución de funciones en materia de protección y prevención a trabajadores o servicios de la empresa.
- c) Formar un Comité de Seguridad y Salud.
- d) El recurso al concierto con entidades especializadas para el desarrollo de actividades de prevención.

Respuesta: c) Artículo 14.4 Ley 31/1995. "Las obligaciones de los trabajadores establecidas en esta Ley, la atribución de funciones en materia de protección y prevención a trabajadores o servicios de la empresa y el recurso al concierto con entidades especializadas para el desarrollo de actividades de prevención complementarán las acciones del empresario, sin que por ello le eximan del cumplimiento de su deber en esta materia, sin perjuicio de las acciones que pueda ejercitar, en su caso, contra cualquier otra persona."

40. Es un principio de la actividad preventiva. Señala la incorrecta:

- a) Evitar los riesgos.
- b) Ignorar los riesgos que no se puedan evitar.
- c) Combatir los riesgos en su origen.
- d) Adaptar el trabajo a la persona

Respuesta: b) Artículo 15.1. Ley 31/1995. " a) Evitar los riesgos. b) Evaluar los riesgos que no se puedan evitar. c) Combatir los riesgos en su origen. d) Adaptar el trabajo a la persona."

41. El empresario aplicará las medidas que integran el deber general de prevención, con arreglo al principio general de:

- a) Combatir los riesgos en su destino.
- b) Adaptar la persona al trabajo.
- c) Adoptar medidas que antepongan la protección individual a la colectiva.
- d) Evaluar los riesgos que no se puedan evitar.

Respuesta: d) Artículo 15.1. Ley 31/1995. "b) Evaluar los riesgos que no se puedan evitar."

42. El empresario aplicará las medidas que integran el deber general de prevención, con arreglo al principio general de:

- a) Evaluar los riesgos.
- b) Evitar los riesgos que no se puedan evaluar.
- c) Adaptar la persona al trabajo.
- d) Planificar la prevención.

Respuesta: d) Artículo 15.1. Ley 31/1995. "g) Planificar la prevención, buscando un conjunto coherente que integre en ella la técnica, la organización del trabajo, las condiciones de trabajo, las relaciones sociales y la influencia de los factores ambientales en el trabajo."

43. ¿Qué tomará en consideración el empresario en el momento de encomendarles tareas a los trabajadores?

- a) La existencia de un Comité de Seguridad y Salud.
- b) El número de Delegados de Prevención.
- c) La capacidad económica de la empresa.
- d) Las capacidades profesionales de los trabajadores.

Respuesta: d) Artículo 15.2. Ley 31/1995. "El empresario tomará en consideración las capacidades profesionales de los trabajadores en materia de seguridad y de salud."

44. El empresario adoptará las medidas necesarias a fin de garantizar que sólo _____ puedan acceder a las zonas de riesgo grave y específico.

- a) Los trabajadores que hayan recibido información suficiente y adecuada.
- b) Los trabajadores que cuenten con un equipo de protección individual.
- c) Los Delegados de Prevención.
- d) Los trabajadores que el empresario haya depositado una confianza plena.

Respuesta: a) Artículo 15.3. Ley 31/1995. "El empresario adoptará las medidas necesarias a fin de garantizar que sólo los trabajadores que hayan recibido información suficiente y adecuada puedan acceder a las zonas de riesgo grave y específico."

45. ¿Quiénes pueden acceder a las zonas de riesgo grave y específico según la ley de Prevención de Riesgos Laborales?

- a) Todos los trabajadores.
- b) Sólo los trabajadores que hayan recibido información suficiente y adecuada.
- c) Los trabajadores que no hayan recibido información suficiente y adecuada.
- d) Ninguno de los trabajadores.

Respuesta: b) Artículo 15.3. Ley 31/1995. "El empresario adoptará las medidas necesarias a fin de garantizar que sólo los trabajadores que hayan recibido información suficiente y adecuada puedan acceder a las zonas de riesgo grave y específico."

46. ¿Qué deben prever las medidas preventivas en cuanto a la conducta del trabajador?

   a) Las distracciones o imprudencias no temerarias que pudiera cometer el trabajador.
   b) Las distracciones o imprudencias temerarias que pudiera cometer el trabajador.
   c) Las distracciones o imprudencias temerarias y no temerarias que pudiera cometer el trabajador.
   d) Ninguna de las anteriores.

Respuesta: a) Artículo 15.4. Ley 31/1995. "La efectividad de las medidas preventivas deberá prever las distracciones o imprudencias no temerarias que pudiera cometer el trabajador."

47. Podrán concertar operaciones de seguro que tengan como fin garantizar como ámbito de cobertura la previsión de riesgos derivados del trabajo. Señala la incorrecta:

   a) Las sociedades cooperativas respecto a sus socios cuya actividad consista en la prestación de su trabajo personal.
   b) Los trabajadores autónomos respecto a ellos mismos.
   c) La empresa respecto a sus trabajadores.
   d) Las administraciones públicas respecto a ellas mismas.

Respuesta: d) Artículo 15.5. Ley 31/1995. "Podrán concertar operaciones de seguro que tengan como fin garantizar como ámbito de cobertura la previsión de riesgos derivados del trabajo, la empresa respecto de sus trabajadores, los trabajadores autónomos respecto a ellos mismos y las sociedades cooperativas respecto a sus socios cuya actividad consista en la prestación de su trabajo personal."

48. ¿Quiénes pueden concertar operaciones de seguro que tengan como fin de cobertura la previsión de riesgos derivados del trabajo?

   a) La empresa respecto de sus trabajadores.
   b) Los trabajadores autónomos respecto a ellos mismos.
   c) Las sociedades cooperativas respecto a sus socios cuya actividad consista en la prestación de su trabajo personal.
   d) Todas las anteriores.

Respuesta: d) Artículo 15.5. Ley 31/1995. "Podrán concertar operaciones de seguro que tengan como fin garantizar como ámbito de cobertura la previsión de riesgos derivados del trabajo, la empresa respecto de sus trabajadores, los trabajadores autónomos respecto a ellos

mismos y las sociedades cooperativas respecto a sus socios cuya actividad consista en la prestación de su trabajo personal."

49. Se podrán concertar operaciones de seguro. Señala la incorrecta:

 a) Los trabajadores autónomos respecto a ellos mismos.
 b) La empresa respecto del empresario.
 c) Las sociedades cooperativas respecto a sus socios cuya actividad consista en la prestación de su trabajo personal.
 d) La empresa respecto de sus trabajadores.

Respuesta: b) Artículo 15.5. Ley 31/1995. "Podrán concertar operaciones de seguro que tengan como fin garantizar como ámbito de cobertura la previsión de riesgos derivados del trabajo, la empresa respecto de sus trabajadores, los trabajadores autónomos respecto a ellos mismos y las sociedades cooperativas respecto a sus socios cuya actividad consista en la prestación de su trabajo personal."

50. El plan de prevención no incluirá:

 a) La estructura organizativa de la empresa.
 b) Las funciones.
 c) Las responsabilidades.
 d) La gestión de riesgos.

Respuesta: d) Artículo 16.1. Ley 31/1995. "Este plan de prevención de riesgos laborales deberá incluir la estructura organizativa, las responsabilidades, las funciones, las prácticas, los procedimientos, los procesos y los recursos necesarios para realizar la acción de prevención de riesgos en la empresa, en los términos que reglamentariamente se establezcan."

51. ¿Qué aspectos se deben incluir en el plan de prevención de riesgos laborales de una empresa, según lo establecido en la Ley de Prevención de Riesgos Laborales?

 a) Los recursos necesarios para realizar la acción de prevención de riesgos en la empresa.
 b) La designación del personal médico encargado del seguimiento y control del estado de salud de los trabajadores.
 c) El plan estratégico a largo plazo para el crecimiento y expansión empresarial.
 d) Ninguna de las anteriores.

Respuesta: a) Artículo 16.1. Ley 31/1995. "Este plan de prevención de riesgos laborales deberá incluir la estructura organizativa, las responsabilidades, las funciones, las prácticas, los procedimientos, los procesos y los recursos necesarios para realizar la acción de prevención de riesgos en la empresa, en los términos que reglamentariamente se establezcan."

52. No se incluye en el plan de prevención elaborado por el empresario:

   a) Recursos necesarios para realizar la acción de prevención.
   b) Las funciones, prácticas y procedimientos.
   c) La evaluación de los riesgos para la seguridad y la salud en el trabajo.
   d) La estructura organizativa de la empresa.

Respuesta: c) Artículo 16.1. Ley 31/1995. "Este plan de prevención de riesgos laborales deberá incluir la estructura organizativa, las responsabilidades, las funciones, las prácticas, los procedimientos, los procesos y los recursos necesarios para realizar la acción de prevención de riesgos en la empresa, en los términos que reglamentariamente se establezcan."

53. Respecto al plan de prevención de riesgos laborales, el empresario:

   a) Podrá realizar una evaluación inicial de los riesgos para la seguridad y salud de los trabajadores.
   b) Deberá realizar una evaluación inicial de los riesgos para la seguridad y salud de los trabajadores.
   c) Deberá realizar una evaluación final de los riesgos para la seguridad y salud de los trabajadores.
   d) Podrá realizar una evaluación final de los riesgos para la seguridad y salud de los trabajadores.

Respuesta: b) Artículo 16.2 Ley 31/1995. "El empresario deberá realizar una evaluación inicial de los riesgos para la seguridad y salud de los trabajadores, teniendo en cuenta, con carácter general, la naturaleza de la actividad, las características de los puestos de trabajo existentes y de los trabajadores que deban desempeñarlos."

54. ¿Cuáles son los instrumentos esenciales para la gestión y aplicación del plan de prevención de riesgos según la ley de Prevención de Riesgos Laborales?

   a) La evaluación de riesgos laborales.
   b) La planificación de la actividad preventiva.
   c) La evaluación del desempeño laboral.
   d) a) y b) son correctas.

Respuesta: d) Artículo 16.2. Ley 31/1995. "Los instrumentos esenciales para la gestión y aplicación del plan de prevención de riesgos, que podrán ser llevados a cabo por fases de forma programada, son la evaluación de riesgos laborales y la planificación de la actividad preventiva."

55. El empresario deberá realizar una evaluación de riesgos:

   a) Para la elección del equipo de trabajo, las sustancias y preparados químicos.
   b) Evaluación inicial de los puestos de trabajo.
   c) Evaluación cuando cambien las condiciones de trabajo.
   d) Todas son correctas.

Respuesta: d) Artículo 16.2 Ley 31/1995. "El empresario deberá realizar una evaluación inicial de los riesgos para la seguridad y salud de los trabajadores, teniendo en cuenta, con carácter general, la naturaleza de la actividad, las características de los puestos de trabajo existentes y de los trabajadores que deban desempeñarlos. Igual evaluación deberá hacerse con ocasión de la elección de los equipos de trabajo, de las sustancias o preparados químicos y del acondicionamiento de los lugares de trabajo."

56. El empresario deberá realizar una evaluación inicial de los riesgos para la seguridad y salud de los trabajadores teniendo en cuenta con carácter general:

   a) Las características de los puestos de trabajo existentes.
   b) La naturaleza de la actividad.
   c) Las características los trabajadores que deban desempeñar los puestos de trabajo.
   d) Todas son correctas.

Respuesta: d) Artículo 16.2 Ley 31/1995. "El empresario deberá realizar una evaluación inicial de los riesgos para la seguridad y salud de los trabajadores, teniendo en cuenta, con carácter general, la naturaleza de la actividad, las características de los puestos de trabajo existentes y de los trabajadores que deban desempeñarlos."

57. En cuanto a la evaluación inicial de los riesgos laborales que debe realizar el empresario en su plan de prevención no es correcto:

   a) Se tendrá en cuenta con carácter general, la naturaleza de la actividad, las características de los puestos de trabajo existentes y de los trabajadores que deban desempeñarlos.
   b) Será actualizada cuando cambien las condiciones de trabajo.
   c) Independientemente del resultado de la evaluación, el empresario realizará controles periódicos de las condiciones de trabajo y de la actividad de los trabajadores en la prestación de sus servicios, para detectar situaciones potencialmente peligrosas.
   d) Se someterá a consideración y se revisará, si fuera necesario, con ocasión de los daños para la salud que se hayan producido.

Respuesta: c) Artículo 16.2 Ley 31/1995. "Cuando el resultado de la evaluación lo hiciera necesario, el empresario realizará controles periódicos de las condiciones de trabajo y de la

actividad de los trabajadores en la prestación de sus servicios, para detectar situaciones potencialmente peligrosas."

58. Las empresas podrán realizar de forma simplificada:

    a) El plan de prevención de riesgos laborales.
    b) La evaluación de riesgos.
    c) La planificación de la actividad preventiva.
    d) Todas son correctas.

Respuesta: d) Artículo 16.2 bis Ley 31/1995. "Las empresas, en atención al número de trabajadores y a la naturaleza y peligrosidad de las actividades realizadas, podrán realizar el plan de prevención de riesgos laborales, la evaluación de riesgos y la planificación de la actividad preventiva de forma simplificada."

59. Las empresas, en atención al número de trabajadores y a la naturaleza y peligrosidad de las actividades realizadas, podrán realizar el plan de prevención de riesgos laborales, la evaluación de riesgos y la planificación de la actividad preventiva de forma simplificada, siempre que:

    a) Ello no suponga una reducción del nivel de protección de la seguridad.
    b) Ello no suponga un aumento de los costes en materia de prevención.
    c) Ello no suponga un aumento de las actividades de prevención.
    d) Ello no suponga una reducción del rendimiento de los trabajadores.

Respuesta: a) Artículo 16.2 bis Ley 31/1995. "Siempre que ello no suponga una reducción del nivel de protección de la seguridad y salud de los trabajadores y en los términos que reglamentariamente se determinen."

60. En el caso de que se haya producido un daño para la salud de los trabajadores, ¿Quién se debe encargar de llevar a cabo una investigación al respecto, a fin de detectar las causas de estos hechos?:

    a) Los servicios médicos.
    b) El empresario.
    c) Inspección de Trabajo y Seguridad Social.
    d) Los Delegados de Prevención.

Respuesta: b) Artículo 16.3 Ley 31/1995. "Cuando se haya producido un daño para la salud de los trabajadores o cuando, con ocasión de la vigilancia de la salud prevista en el artículo 22, aparezcan indicios de que las medidas de prevención resultan insuficientes, el empresario llevará a cabo una investigación al respecto, a fin de detectar las causas de estos hechos."

61. Cuando se haya producido un daño para la salud de los trabajadores o cuando aparezcan indicios de que las medidas de prevención resultan insuficientes, el empresario:

- a) Acordará la paralización de la actividad de los trabajadores.
- b) Se reunirá con los servicios de prevención con carácter de urgencia.
- c) Llevará a cabo una investigación al respecto, a fin de detectar las causas de estos hechos.
- d) Todas son correctas.

Respuesta: c) Artículo 16.3 Ley 31/1995. "Cuando se haya producido un daño para la salud de los trabajadores o cuando, con ocasión de la vigilancia de la salud prevista en el artículo 22, aparezcan indicios de que las medidas de prevención resultan insuficientes, el empresario llevará a cabo una investigación al respecto, a fin de detectar las causas de estos hechos."

62. Cuando la utilización de un equipo de trabajo pueda presentar un riesgo específico para la seguridad y la salud de los trabajadores, el empresario adoptará las medidas necesarias con el fin de que:

- a) La utilización del equipo de trabajo quede reservada a los encargados de dicha utilización.
- b) Los trabajos de reparación o transformación sean realizados por los trabajadores específicamente capacitados para ello.
- c) Los trabajos de mantenimiento o conservación sean realizados por los trabajadores específicamente capacitados para ello.
- d) Todas son correctas.

Respuesta: d) Artículo 17.1 Ley 31/1995. "Cuando la utilización de un equipo de trabajo pueda presentar un riesgo específico para la seguridad y la salud de los trabajadores, el empresario adoptará las medidas necesarias con el fin de que: a) La utilización del equipo de trabajo quede reservada a los encargados de dicha utilización. b) Los trabajos de reparación, transformación, mantenimiento o conservación sean realizados por los trabajadores específicamente capacitados para ello."

63. Cuando la utilización de un equipo de trabajo pueda presentar un riesgo específico para la seguridad y la salud de los trabajadores, el empresario adoptará las medidas necesarias con el fin de que:

- a) La utilización del equipo de trabajo se realice siempre con la debida autorización del Delegado de Prevención.
- b) La utilización del equipo de trabajo quede reservada a los encargados de dicha utilización.
- c) Los trabajos de reparación, transformación, mantenimiento o conservación sean realizados por los trabajadores específicamente capacitados para ello.
- d) b) y c) son correctas

Respuesta: d) Artículo 17.1 Ley 31/1995. "Cuando la utilización de un equipo de trabajo pueda presentar un riesgo específico para la seguridad y la salud de los trabajadores, el empresario adoptará las medidas necesarias con el fin de que: a) La utilización del equipo de trabajo quede reservada a los encargados de dicha utilización. b) Los trabajos de reparación, transformación, mantenimiento o conservación sean realizados por los trabajadores específicamente capacitados para ello."

64. Los equipos de protección individual se utilizarán:

   a) Cuando no sea posible anteponer la protección colectiva.
   b) Como primera medida ante un riesgo grave.
   c) Cuando los riesgos se puedan evitar.
   d) Siempre que sea posible.

Respuesta: a) Artículo 17.2 Ley 31/1995. "Los equipos de protección individual deberán utilizarse cuando los riesgos no se puedan evitar o no puedan limitarse suficientemente por medios técnicos de protección colectiva o mediante medidas, métodos o procedimientos de organización del trabajo."

65. Deberán utilizarse equipos de protección individual:

   a) Cuando los riesgos no puedan limitarse suficientemente por medios técnicos de protección colectiva.
   b) Cuando los riesgos no puedan limitarse suficientemente mediante medidas, métodos o procedimientos de organización del trabajo.
   c) Cuando los riesgos no se puedan evitar.1
   d) Todas son correctas.

Respuesta: d) Artículo 17.2 Ley 31/1995. "Los equipos de protección individual deberán utilizarse cuando los riesgos no se puedan evitar o no puedan limitarse suficientemente por medios técnicos de protección colectiva o mediante medidas, métodos o procedimientos de organización del trabajo."

66. Se usarán los equipos de protección individual:

   a) Como primera opción ante un riesgo.
   b) Cuando los riesgos no se puedan evitar o no puedan limitarse suficientemente por medios técnicos de protección colectiva.
   c) Cuando los riesgos no se puedan evitar mediante medidas, métodos o procedimientos de organización del trabajo.
   d) b) y c) son correctas.

Respuesta: d) Artículo 17.2 Ley 31/1995. "Los equipos de protección individual deberán utilizarse cuando los riesgos no se puedan evitar o no puedan limitarse suficientemente por medios técnicos de protección colectiva o mediante medidas, métodos o procedimientos de organización del trabajo."

67. A fin de dar cumplimiento al deber de protección establecido en la Ley de Prevención de Riesgos Laborales, el empresario adoptará las medidas adoptadas para que los trabajadores reciban todas las informaciones necesarias en relación con:

a) Las medidas y actividades de prevención y protección aplicables a los riesgos para la seguridad y salud de los trabajadores en el trabajo.
b) Las medidas adoptadas a la conformidad conforme al artículo 20 de la presente Ley.
c) Los riesgos para la seguridad y salud en el trabajo, tanto aquellos que afecten a la empresa a su conjunto como a cada tipo de puesto de trabajo o función.
d) Todas son correctas.

Respuesta: d) Artículo 18.1 Ley 31/1995. "A fin de dar cumplimiento al deber de protección establecido en la presente Ley, el empresario adoptará las medidas adecuadas para que los trabajadores reciban todas las informaciones necesarias en relación con: a) Los riesgos para la seguridad y la salud de los trabajadores en el trabajo, tanto aquellos que afecten a la empresa en su conjunto como a cada tipo de puesto de trabajo o función. b) Las medidas y actividades de protección y prevención aplicables a los riesgos señalados en el apartado anterior. c) Las medidas adoptadas de conformidad con lo dispuesto en el artículo 20 de la presente Ley."

68. ¿Quiénes deben ser consultados respecto a decisiones relativas a seguridad y salud en las empresas que cuenten con representantes de los trabajadores?

a) Los trabajadores directamente involucrados en la decisión.
b) Los trabajadores que tengan más experiencia en el área.
c) Los representantes de los trabajadores.
d) Los supervisores o jefes de departamento.

Respuesta: c) Artículo 18.1 Ley 31/1995. "En las empresas que cuenten con representantes de los trabajadores, la información a que se refiere el presente apartado se facilitará por el empresario a los trabajadores a través de dichos representantes."

69. ¿Qué deberá hacer el empresario con respecto a los trabajadores conforme a los dispuesto en el Capítulo V en la Ley 31/95?

a) Consultarles y permitir su participación en el marco de todas las cuestiones que afecten a la seguridad y salud en el trabajo a excepción de los relacionado con la introducción de nuevas tecnologías.

b) Consultarles y permitir su participación en el marco de algunas cuestiones que afecten a la seguridad y salud en el trabajo, como por ejemplo en temas de formación.
c) Consultarles y permitir su participación en el marco de todas las cuestiones que afecte a la seguridad y salud en el trabajo.
d) Consultarles y pedir su participación en el marco de todas las cuestiones que afecten a la seguridad y a la salud en el trabajo, exceptuando la planificación y la organización del trabajo en la empresa.

Respuesta: c) Artículo 18.1 Ley 31/1995. "El empresario deberá consultar a los trabajadores, y permitir su participación, en el marco de todas las cuestiones que afecten a la seguridad y a la salud en el trabajo, de conformidad con lo dispuesto en el capítulo V de la presente Ley."

70. ¿A quién debe informarse directamente de los riesgos específicos y las medidas de protección y prevención aplicables?

a) Únicamente a los representantes de los trabajadores, cuando se determine reglamentariamente.
b) A todos los trabajadores de los riesgos específicos que afecten a su puesto de trabajo o función.
c) Solo a los trabajadores que ocupen puestos de trabajo de mayor riesgo.
d) A ninguno, la información debe ser accesible a través de la publicación en la página web de la empresa.

Respuesta: b) Artículo 18.1 Ley 31/1995. "No obstante, deberá informarse directamente a cada trabajador de los riesgos específicos que afecten a su puesto de trabajo o función y de las medidas de protección y prevención aplicables a dichos riesgos."

71. Se informará de los riesgos específicos y las medidas de protección y prevención aplicables:

a) A los representantes de los trabajadores; no obstante, deberá informarse directamente a cada trabajador de los riesgos específicos que afecten a su puesto de trabajo o función y de las medidas de protección y prevención aplicables a dichos riesgos.
b) A los Delegados de Prevención; no obstante, deberá informarse directamente a al personal médico de los riesgos específicos que afecten al puesto de trabajo del trabajador.
c) A los representantes de los trabajadores; no obstante, deberá informarse directamente a al personal médico de los riesgos específicos que afecten al puesto de trabajo del trabajador.
d) A los Delegados de Prevención; no obstante, deberá informarse directamente a cada trabajador de los riesgos específicos que afecten a su puesto de trabajo o función y de las medidas de protección y prevención aplicables a dichos riesgos.

Respuesta: a) Artículo 18.1 Ley 31/1995. "No obstante, deberá informarse directamente a cada trabajador de los riesgos específicos que afecten a su puesto de trabajo o función y de las medidas de protección y prevención aplicables a dichos riesgos."

72. ¿Qué afirmación es cierta respecto a la consulta y participación de la Ley de Prevención de Riesgos Laborales?

- a) El empresario deberá consultar a los trabajadores.
- b) Los trabajadores podrán consultar al empresario.
- c) En las empresas que cuenten con representantes de los trabajadores, las consultas se llevarán a cabo con los Delegados de Prevención.
- d) En las empresas que no cuenten con representantes de los trabajadores, las consultas se llevarán a cabo con estos.

Respuesta: a) Artículo 18.2 Ley 31/1995. "El empresario deberá consultar a los trabajadores, y permitir su participación, en el marco de todas las cuestiones que afecten a la seguridad y a la salud en el trabajo, de conformidad con lo dispuesto en el capítulo V de la presente Ley."

73. Los trabajadores tendrán derecho a efectuar propuestas dirigidas a la mejora de los niveles de protección de la seguridad y la salud en la empresa a:

- a) Las autoridades en materia de protección laboral.
- b) Las organizaciones representativas de intereses sociales.
- c) El empresario y los órganos de participación y representación.
- d) El Comité de Seguridad y Salud.

Respuesta: c) Artículo 18.2 Ley 31/1995. "Los trabajadores tendrán derecho a efectuar propuestas al empresario, así como a los órganos de participación y representación previstos en el capítulo V de esta Ley."

74. ¿Quién debe garantizar la formación teórica y práctica de los trabajadores en materia preventiva?

- a) El gobierno.
- b) Los trabajadores.
- c) El empresario.
- d) Los sindicatos.

Respuesta: c) Artículo 19.1 Ley 31/1995. "En cumplimiento del deber de protección, el empresario deberá garantizar que cada trabajador reciba una formación teórica y práctica, suficiente y adecuada, en materia preventiva."

75. ¿Qué obligaciones tiene el empresario en relación con la formación e información de los trabajadores en materia de prevención de riesgos laborales, según lo establecido en el artículo 19 de la Ley de Prevención de Riesgos Laborales?

   a) Proporcionar a los trabajadores una formación teórica y práctica suficiente y adecuada en materia preventiva.
   b) Informar a los trabajadores sobre los riesgos laborales asociados a su puesto de trabajo y las medidas preventivas adoptadas.
   c) Garantizar que los trabajadores reciban una formación continuada y actualizada en materia preventiva.
   d) Todas las anteriores.

Respuesta: d) Artículo 19.1 Ley 31/1995. "En cumplimiento del deber de protección, el empresario deberá garantizar que cada trabajador reciba una formación teórica y práctica, suficiente y adecuada, en materia preventiva, tanto en el momento de su contratación, cualquiera que sea la modalidad o duración de ésta, como cuando se produzcan cambios en las funciones que desempeñe o se introduzcan nuevas tecnologías o cambios en los equipos de trabajo."

76. En cumplimiento del deber de protección, el empresario deberá garantizar que cada trabajador reciba una formación (Señala la incorrecta):

   a) Teórica.
   b) Práctica.
   c) Suficiente.
   d) Proporcionada.

Respuesta: d) Artículo 19.1 Ley 31/1995. "En cumplimiento del deber de protección, el empresario deberá garantizar que cada trabajador reciba una formación teórica y práctica, suficiente y adecuada, en materia preventiva."

77. ¿Cuándo debe recibir un trabajador la formación teórica y práctica en materia preventiva?

   a) Al momento de su contratación, cualquiera que sea la modalidad o duración de esta.
   b) Cuando se produzcan cambios en las funciones que desempeña.
   c) Cuando se introduzcan nuevas tecnologías o cambios en los equipos de trabajo.
   d) Todas las anteriores.

Respuesta: d) Artículo 19.1 Ley 31/1995. "Tanto en el momento de su contratación, cualquiera que sea la modalidad o duración de ésta, como cuando se produzcan cambios en las funciones que desempeñe o se introduzcan nuevas tecnologías o cambios en los equipos de trabajo."

78. ¿Con qué frecuencia debe repetirse la formación en materia preventiva?

- a) Únicamente cuando se produzcan cambios en los equipos de trabajo.
- b) Solo cuando haya modificaciones en las funciones que desempeñan los trabajadores.
- c) Periódicamente, adaptándose a la evolución de los riesgos y la aparición de nuevos, si fuera necesario.
- d) No es necesario repetir la formación en materia preventiva.

Respuesta: c) Artículo 19.1 Ley 31/1995. "La formación deberá estar centrada específicamente en el puesto de trabajo o función de cada trabajador, adaptarse a la evolución de los riesgos y a la aparición de otros nuevos y repetirse periódicamente, si fuera necesario."

79. En cuanto a la formación de los trabajadores:

- a) El empresario deberá garantizar que cada trabajador reciba una formación teórica y práctica, suficiente y adecuada, en materia preventiva en el momento de su contratación, salvo que se trate de un contrato temporal.
- b) Su coste recaerá sobre los trabajadores.
- c) Deberá impartirse siempre dentro de la jornada de trabajo.
- d) Se podrá impartir por la empresa mediante medios propios o concertándola con servicios ajenos.

Respuesta: d) Artículo 19.2 Ley 31/1995. "La formación se podrá impartir por la empresa mediante medios propios o concertándola con servicios ajenos, y su coste no recaerá en ningún caso sobre los trabajadores."

80. ¿En qué momento se debe impartir la formación teórica y práctica en materia preventiva?

- a) Exclusivamente durante la jornada de trabajo.
- b) Únicamente fuera de la jornada de trabajo.
- c) Durante la jornada de trabajo siempre que sea posible, o fuera de ella en caso contrario.
- d) No es necesario impartir formación teórica y práctica en materia preventiva.

Respuesta: c) Artículo 19.2 Ley 31/1995. "Deberá impartirse, siempre que sea posible, dentro de la jornada de trabajo o, en su defecto, en otras horas, pero con el descuento en aquélla del tiempo invertido en la misma."

81. ¿Cómo puede ser impartida la formación teórica y práctica en materia preventiva?

   a) Únicamente por servicios externos contratados por la empresa.
   b) Exclusivamente por la empresa mediante medios propios.
   c) Tanto por la empresa mediante medios propios como por servicios externos contratados.
   d) No es necesario la impartición de formación teórica y práctica en materia preventiva.

Respuesta: c) Artículo 19.2 Ley 31/1995. "La formación se podrá impartir por la empresa mediante medios propios o concertándola con servicios ajenos."

82. El empresario deberá analizar las posibles situaciones de emergencia teniendo en cuenta. Señala la incorrecta:

   a) El tamaño de la empresa.
   b) La actividad de la empresa.
   c) El número de trabajadores por contrato de duración determinada.
   d) Presencia de personas ajenas a la empresa.

Respuesta: c) Artículo 19.2 Ley 31/1995. "El empresario, teniendo en cuenta el tamaño y la actividad de la empresa, así como la posible presencia de personas ajenas a la misma, deberá analizar las posibles situaciones de emergencia."

83. ¿Qué medidas debe adoptar el empresario en relación con situaciones de emergencia?

   a) Medidas de seguridad informática.
   b) Medidas para mejorar la productividad laboral.
   c) Medidas en materia de primeros auxilios, lucha contra incendios y evacuación de los trabajadores.
   d) Medidas para reducir costos operativos

Respuesta: c) Artículo 20 Ley 31/1995. "Deberá analizar las posibles situaciones de emergencia y adoptar las medidas necesarias en materia de primeros auxilios, lucha contra incendios y evacuación de los trabajadores."

84. El empresario deberá analizar las posibles situaciones de emergencia y adoptar las medidas necesarias en materia de (Señala la incorrecta):

   a) Lucha contra incendios.
   b) Inundaciones y seísmos.
   c) Evacuación de los trabajadores.

d) Primeros auxilios.

Respuesta: b) Artículo 20 Ley 31/1995. "Deberá analizar las posibles situaciones de emergencia y adoptar las medidas necesarias en materia de primeros auxilios, lucha contra incendios y evacuación de los trabajadores."

85. ¿Qué requisitos debe cumplir el personal encargado de poner en práctica las medidas de emergencia?

   a) Tener experiencia de varios años en primeros auxilios y lucha contra incendios.
   b) Ser suficiente en número y poseer la formación necesaria.
   c) Contar con el equipo adecuado y tener conocimientos médicos avanzados.
   d) No se requiere ningún requisito específico.

Respuesta: b) Artículo 20 Ley 31/1995. "El citado personal deberá poseer la formación necesaria, ser suficiente en número y disponer del material adecuado, en función de las circunstancias antes señaladas."

86. El personal encargado de las medidas de emergencia:

   a) Debe obtener un permiso previamente de la empresa.
   b) Es designado por el Instituto de Seguridad y Salud.
   c) Es renovado parcialmente cada tres años.
   d) Debe poseer la formación necesaria, ser suficiente en número y disponer del material adecuado.

Respuesta: d) Artículo 20 Ley 31/1995. "El citado personal deberá poseer la formación necesaria, ser suficiente en número y disponer del material adecuado, en función de las circunstancias antes señaladas."

87. El empresario deberá organizar las relaciones que sean necesarias con servicios externos a la empresa en particular:

   a) Materia de primeros auxilios y asistencia médica de urgencia.
   b) Lucha contra incendios.
   c) Salvamento.
   d) Todas las anteriores.

Respuesta: d) Artículo 20 Ley 31/1995. "Para la aplicación de las medidas adoptadas, el empresario deberá organizar las relaciones que sean necesarias con servicios externos a la empresa, en particular en materia de primeros auxilios, asistencia médica de urgencia, salvamento y lucha contra incendios."

88. ¿Qué obligación tiene el empresario cuando los trabajadores van a estar expuestos a un riesgo grave e inminente?

   a) Informar a los trabajadores sobre el riesgo y las medidas de protección adoptadas.
   b) Proporcionar a los trabajadores equipos de protección personal.
   c) Contratar más personal para hacer frente al riesgo.
   d) Ignorar el riesgo y continuar con las operaciones.

Respuesta: a) Artículo 21.1 Ley 31/1995. "El empresario estará obligado a: Informar lo antes posible a todos los trabajadores afectados acerca de la existencia de dicho riesgo y de las medidas adoptadas o que, en su caso, deban adoptarse en materia de protección."

89. Ante una situación de un trabajador expuesto a un riesgo grave e inminente ¿Bajo qué circunstancias se puede exigir a los trabajadores que reanuden su actividad mientras persista el peligro?

   a) Nunca se puede exigir a los trabajadores que reanuden su actividad.
   b) Si el peligro ha disminuido considerablemente.
   c) Solo si el trabajador lo solicita expresamente.
   d) En casos excepcionales justificados por razones de seguridad y reglamentariamente determinadas.

Respuesta: d) Artículo 21.1 Ley 31/1995. "En este supuesto no podrá exigirse a los trabajadores que reanuden su actividad mientras persista el peligro, salvo excepción debidamente justificada por razones de seguridad y determinada reglamentariamente."

90. ¿Qué medidas debe adoptar el empresario en caso de riesgo grave e inminente, según lo establecido en la Ley de Prevención de Riesgos Laborales?

   a) Informar a los trabajadores afectados y a sus representantes.
   b) Adoptar las medidas necesarias para evitar que se produzca el daño.
   c) Interrumpir la actividad laboral hasta que se elimine el riesgo.
   d) Todas las anteriores.

Respuesta: d) Artículo 21.3 Ley 31/1995. "Informar lo antes posible a todos los trabajadores afectados acerca de la existencia de dicho riesgo y de las medidas adoptadas o que, en su caso, deban adoptarse en materia de protección. Adoptar las medidas y dar las instrucciones necesarias para que, en caso de peligro grave, inminente e inevitable, los trabajadores puedan interrumpir su actividad y, si fuera necesario, abandonar de inmediato el lugar de trabajo."

91. Cuando los trabajadores estén o puedan estar expuestos a un riesgo grave e inminente y el empresario no adopte o no permita la adopción de las medidas necesarias para garantizar la seguridad y la salud de los trabajadores:

- a) Los representantes legales de éstos podrán acordar, por mayoría de sus miembros, la paralización de la actividad de los trabajadores afectados por dicho riesgo.
- b) Los Delegados de Prevención acordarán la paralización de la actividad de los trabajadores afectados por dicho riesgo.
- c) Los Delegados de Prevención acordarán por mayoría absoluta el cierre del centro de trabajo.
- d) Los representantes legales de éstos podrán acordar, por unanimidad de sus miembros, la paralización de la actividad de los trabajadores afectados por dicho riesgo.

Respuesta: a) Artículo 21.3 Ley 31/1995. "Los representantes legales de éstos podrán acordar, por mayoría de sus miembros, la paralización de la actividad de los trabajadores afectados por dicho riesgo."

92. Cuando el empresario no adopte las medidas necesarias para garantizar la seguridad y salud de los trabajadores, los representantes de estos podrán acordar la paralización de la actividad laboral que será comunicada a la empresa y a la autoridad laboral:

- a) En el plazo de 10 horas.
- b) En el plazo de 48 horas.
- c) En el plazo de 24 horas.
- d) Inmediatamente.

Respuesta: d) Artículo 21.3 Ley 31/1995. "Tal acuerdo será comunicado de inmediato a la empresa y a la autoridad laboral, la cual, en el plazo de veinticuatro horas, anulará o ratificará la paralización acordada."

93. El acuerdo de paralización de la actividad de los trabajadores en caso de riesgo grave e inminente será comunicado de inmediato a la empresa y a la autoridad laboral, la cual, en el plazo de:

- a) 48 horas, anulará o ratificará la paralización acordada.
- b) 10 horas, anulará o ratificará la paralización acordada.
- c) 3 días, anulará o ratificará la paralización acordada.
- d) 24 horas, anulará o ratificará la paralización acordada.

Respuesta: d) Artículo 21.3 Ley 31/1995. "Tal acuerdo será comunicado de inmediato a la empresa y a la autoridad laboral, la cual, en el plazo de veinticuatro horas, anulará o ratificará la paralización acordada."

94. Los representantes legales los trabajadores podrán acordar, por mayoría de sus miembros, la paralización de la actividad de los trabajadores afectados por dicho riesgo. Tal acuerdo será comunicado de inmediato a la empresa y a la autoridad laboral. El acuerdo podrá ser adoptado por decisión mayoritaria de los _____ cuando no resulte posible reunir con la urgencia requerida al órgano de representación del personal.

   a) Representantes del personal.
   b) Los Delegados de Prevención.
   c) Los sindicatos.
   d) Los trabajadores.

Respuesta: b) Artículo 21.3 Ley 31/1995. "El acuerdo a que se refiere el párrafo anterior podrá ser adoptado por decisión mayoritaria de los Delegados de Prevención cuando no resulte posible reunir con la urgencia requerida al órgano de representación del personal."

95. ¿En qué caso los trabajadores o sus representantes podrían sufrir perjuicio derivado de la adopción de medidas de seguridad?

   a) Si el empresario adopta medidas adicionales para proteger a los trabajadores.
   b) Si los trabajadores han actuado de buena fe y no han cometido negligencia grave.
   c) Si la empresa presenta pruebas documentales de su responsabilidad en el riesgo laboral.
   d) Si los trabajadores han obrado de mala fe o cometido negligencia grave.

Respuesta: d) Artículo 21.4 Ley 31/1995. "Los trabajadores o sus representantes no podrán sufrir perjuicio alguno derivado de la adopción de las medidas a que se refieren los apartados anteriores, a menos que hubieran obrado de mala fe o cometido negligencia grave."

96. El empresario garantizará a los trabajadores a su servicio la vigilancia periódica de su estado de salud en función de:

   a) El convenio colectivo aplicable.
   b) Los riesgos inherentes al trabajo.
   c) Lo que establezca la autoridad laboral.
   d) El número de Delegados de Prevención.

Respuesta: b) Artículo 22.1 Ley 31/1995. "El empresario garantizará a los trabajadores a su servicio la vigilancia periódica de su estado de salud en función de los riesgos inherentes al trabajo."

97. ¿Bajo qué circunstancia de las siguientes se puede llevar a cabo la vigilancia periódica de la salud del trabajador?

a) Si el empresario lo considera necesario sin el consentimiento del trabajador.
b) Si el trabajador presta su consentimiento.
c) Si el empresario obliga a hacerlo.
d) Si la empresa cuenta con un médico residente.

Respuesta: b) Artículo 22.1 Ley 31/1995. "Esta vigilancia sólo podrá llevarse a cabo cuando el trabajador preste su consentimiento."

98. La vigilancia periódica del estado de la salud de los trabajadores es obligatoria cuando:

a) El trabajador así lo considere.
b) Así lo considere el Comité de Seguridad y Salud.
c) Lo considere oportuno el empresario previo aviso a los representantes de los trabajadores.
d) Sea imprescindible para evaluar los efectos de las condiciones de trabajo sobre la salud de los trabajadores.

Respuesta: d) Artículo 22.1 Ley 31/1995. "De este carácter voluntario sólo se exceptuarán, previo informe de los representantes de los trabajadores, los supuestos en los que la realización de los reconocimientos sea imprescindible para evaluar los efectos de las condiciones de trabajo sobre la salud de los trabajadores o para verificar si el estado de salud del trabajador puede constituir un peligro para el mismo."

99. Del carácter voluntario de la vigilancia de la salud sólo se exceptuarán, previo informe de:

a) El empresario.
b) Los Delegados de Prevención.
c) Los representantes de los trabajadores.
d) Todas las anteriores.

Respuesta: c) Artículo 22.1 Ley 31/1995. "De este carácter voluntario sólo se exceptuarán, previo informe de los representantes de los trabajadores."

100. De acuerdo con la Ley 31/1995 del carácter voluntario de la vigilancia periódica del estado de salud de los trabajadores en función de los riesgos inherentes al trabajo, se exceptuarán los supuestos en los que la realización de los reconocimientos sea imprescindible:

a) Para verificar si el estado de salud del trabajador puede constituir un peligro para el mismo.
b) Para verificar si el estado de salud del trabajador puede constituir un peligro para los demás trabajadores u otras personas relacionadas con la empresa.

c) Cuando así esté establecido en una disposición legal en relación con la protección de riesgos específicos y actividades de especial peligrosidad.
d) Todas las respuestas son correctas.

Respuesta: d) Artículo 22.1 Ley 31/1995. "De este carácter voluntario sólo se exceptuarán, previo informe de los representantes de los trabajadores, los supuestos en los que la realización de los reconocimientos sea imprescindible para evaluar los efectos de las condiciones de trabajo sobre la salud de los trabajadores o para verificar si el estado de salud del trabajador puede constituir un peligro para el mismo, para los demás trabajadores o para otras personas relacionadas con la empresa o cuando así esté establecido en una disposición legal en relación con la protección de riesgos específicos y actividades de especial peligrosidad."

101. ¿Cuándo se pueden exceptuar los reconocimientos médicos periódicos como obligatorios sin el consentimiento del trabajador?

a) Si el empresario lo decide.
b) Si se necesita evaluar los efectos de las condiciones de trabajo sobre la salud del trabajador o para verificar si el estado de salud del trabajador puede constituir un peligro para él mismo.
c) Si hay una disposición legal que lo establece para protección de riesgos específicos y actividades de especial peligrosidad.
d) b) y c) son correctas.

Respuesta: d) Artículo 22.2 Ley 31/1995. "De este carácter voluntario sólo se exceptuarán, previo informe de los representantes de los trabajadores, los supuestos en los que la realización de los reconocimientos sea imprescindible para evaluar los efectos de las condiciones de trabajo sobre la salud de los trabajadores o para verificar si el estado de salud del trabajador puede constituir un peligro para el mismo, para los demás trabajadores o para otras personas relacionadas con la empresa o cuando así esté establecido en una disposición legal en relación con la protección de riesgos específicos y actividades de especial peligrosidad."

102. ¿Cómo se debe seleccionar los reconocimientos médicos o pruebas a realizar al trabajador en función del riesgo?

a) Se deben realizar todos los reconocimientos y pruebas disponibles.
b) Se deben seleccionar aquellos que causen las mayores molestias al trabajador.
c) Se deben seleccionar aquellos que causen las menores molestias al trabajador y sean proporcionales al riesgo.
d) Los trabajadores pueden elegir los reconocimientos y pruebas que deseen realizar.

Respuesta: c) Artículo 22.1 Ley 31/1995. "En todo caso se deberá optar por la realización de aquellos reconocimientos o pruebas que causen las menores molestias al trabajador y que sean proporcionales al riesgo."

103. Las medidas de vigilancia y control de la salud de los trabajadores se llevarán a cabo respetando siempre (señala la incorrecta):

   a) El derecho a la intimidad de la persona del trabajador.
   b) La opinión del empresario.
   c) El derecho a la dignidad de la persona del trabajador.
   d) La confidencialidad de toda la información relacionada con el estado de salud del trabajador.

Respuesta: b) Artículo 22.2 Ley 31/1995. "Las medidas de vigilancia y control de la salud de los trabajadores se llevarán a cabo respetando siempre el derecho a la intimidad y a la dignidad de la persona del trabajador y la confidencialidad de toda la información relacionada con su estado de salud."

104. ¿Cómo se llevarán a cabo las medidas de vigilancia y control de la salud de los trabajadores?

   a) Respetando siempre el derecho a la dignidad a la persona del trabajador.
   b) Respetando siempre el derecho a la intimidad a la persona del trabajador.
   c) Respetando siempre la confidencialidad de toda información relacionada con el estado de salud del trabajador.
   d) Todas son correctas.

Respuesta: d) Artículo 22.2 Ley 31/1995. "Las medidas de vigilancia y control de la salud de los trabajadores se llevarán a cabo respetando siempre el derecho a la intimidad y a la dignidad de la persona del trabajador y la confidencialidad de toda la información relacionada con su estado de salud."

105. Los resultados de la vigilancia de la salud se comunicarán a:

   a) Los trabajadores afectados.
   b) La Inspección de Trabajo y Seguridad Social.
   c) Los Delegados de Prevención.
   d) Al empresario, a los representantes y a los trabajadores.

Respuesta: a) Artículo 22.3 Ley 31/1995. "Los resultados de la vigilancia a que se refiere el apartado anterior serán comunicados a los trabajadores afectados."

106. ¿A quién o quiénes se le garantizará el acceso a la información médica de carácter personal?

a) Al personal médico y al empresario, sin que pueda facilitarse a las autoridades sanitarias que lleven a cabo la vigilancia de la salud de los trabajadores sin consentimiento expreso del trabajador.
b) Personal médico y autoridades sanitarias que lleven a cabo la vigilancia de la salud de los trabajadores, al empresario y otras personas relacionadas con la vigilancia de la salud de la empresa.
c) Personal médico y quien autorice el empresario.
d) Al personal médico y autoridades sanitarias que llevan a cabo la vigilancia y salud de los trabajadores sin que pueda facilitarse al empresario o a otras personas sin consentimiento expreso del trabajador.

Respuesta: d) Artículo 22.4 Ley 31/1995. "El acceso a la información médica de carácter personal se limitará al personal médico y a las autoridades sanitarias que lleven a cabo la vigilancia de la salud de los trabajadores, sin que pueda facilitarse al empresario o a otras personas sin consentimiento expreso del trabajador."

107. El acceso a la información médica de carácter personal se limitará a:

a) El personal médico y al empresario o a otras personas con el consentimiento expreso del trabajador.
b) El personal médico y a las autoridades sanitarias que lleven a cabo la vigilancia de la salud de los trabajadores.
c) Las personas que tengan el consentimiento expreso del trabajador.
d) Al empresario y a los Delegados de Prevención.

Respuesta: b) Artículo 22.4 Ley 31/1995. "El acceso a la información médica de carácter personal se limitará al personal médico y a las autoridades sanitarias que lleven a cabo la vigilancia de la salud de los trabajadores."

108. Respecto a la información médica de carácter personal no es correcto:

a) Se limitará al personal médico y a las autoridades sanitarias que lleven a cabo la vigilancia de la salud de los trabajadores.
b) En ningún caso podrá facilitarse al empresario.
c) El empresario y las personas u órganos con responsabilidades en materia de prevención serán informados de las conclusiones que se deriven de los reconocimientos efectuados.
d) Los datos relativos a la vigilancia de la salud de los trabajadores no podrán ser usados con fines discriminatorios.

Respuesta: b) Artículo 22.4 Ley 31/1995. "El acceso a la información médica de carácter personal se limitará al personal médico y a las autoridades sanitarias que lleven a cabo la vigilancia de la salud de los trabajadores, sin que pueda facilitarse al empresario o a otras personas sin consentimiento expreso del trabajador."

109. ¿Quiénes pueden recibir información sobre las conclusiones de los reconocimientos médicos relacionados con la aptitud del trabajador y las medidas de protección y prevención?

   a) El empresario y las personas u órganos con responsabilidades en materia de prevención.
   b) Solo el personal médico que lleva a cabo los reconocimientos.
   c) Los compañeros de trabajo del trabajador.
   d) No se permite compartir las conclusiones con nadie más que el trabajador.

Respuesta: a) Artículo 22.4 Ley 31/1995. "No obstante lo anterior, el empresario y las personas u órganos con responsabilidades en materia de prevención serán informados de las conclusiones que se deriven de los reconocimientos efectuados."

110. ¿En qué casos se puede prolongar el derecho de los trabajadores a la vigilancia periódica de su estado de salud más allá de la finalización de la relación laboral?

   a) Nunca se puede prolongar más allá de la finalización de la relación laboral.
   b) Solo si el trabajador lo solicita expresamente.
   c) Cuando la naturaleza de los riesgos inherentes al trabajo lo requiere, según lo establecido reglamentariamente.
   d) Solo si el empresario lo decide sin consultar al trabajador.

Respuesta: c) Artículo 22.5 Ley 31/1995. "En los supuestos en que la naturaleza de los riesgos inherentes al trabajo lo haga necesario, el derecho de los trabajadores a la vigilancia periódica de su estado de salud deberá ser prolongado más allá de la finalización de la relación laboral, en los términos que reglamentariamente se determinen."

111. ¿Hasta cuándo puede prolongarse el derecho de los trabajadores a la vigilancia periódica de su estado de salud?

   a) Hasta un año después de la finalización de la relación laboral.
   b) Hasta que el trabajador dé su consentimiento expreso.
   c) Solo durante la relación laboral, no se prolonga más allá de la finalización.
   d) En los términos que se determinen reglamentariamente.

Respuesta: d) Artículo 22.5 Ley 31/1995. "En los supuestos en que la naturaleza de los riesgos inherentes al trabajo lo haga necesario, el derecho de los trabajadores a la vigilancia periódica

de su estado de salud deberá ser prolongado más allá de la finalización de la relación laboral, en los términos que reglamentariamente se determinen."

112. ¿Quién debe llevar a cabo las medidas de vigilancia y control de la salud de los trabajadores?

   a) El empresario.
   b) El personal sanitario con competencia técnica, formación y capacidad acreditada.
   c) Los trabajadores.
   d) La autoridad laboral.

Respuesta: b) Artículo 22.6 Ley 31/1995. "Las medidas de vigilancia y control de la salud de los trabajadores se llevarán a cabo por personal sanitario con competencia técnica, formación y capacidad acreditada."

113. ¿Quién debe elaborar y conservar la documentación relativa a las obligaciones establecidas en los artículos anteriores, según lo establecido en el artículo 23?

   a) La autoridad laboral.
   b) Los trabajadores.
   c) El personal sanitario con competencia técnica, formación y capacidad acreditada.
   d) El empresario.

Respuesta: d) Artículo 23.1 Ley 31/1995. "El empresario deberá elaborar y conservar a disposición de la autoridad laboral la siguiente documentación."

114. ¿Cuál de las siguientes opciones no forma parte de la documentación que el empresario debe elaborar y conservar según las obligaciones establecidas en los artículos anteriores?

   a) Plan de prevención de riesgos laborales.
   b) Evaluación de los riesgos para la seguridad y la salud en el trabajo.
   c) Planificación de la actividad productiva.
   d) Práctica de los controles del estado de salud de los trabajadores.

Respuesta: c) Artículo 23.1 Ley 31/1995.

115. El empresario deberá elaborar y conservar la relación de accidentes de trabajo y enfermedades profesionales que hayan causado al trabajador una incapacidad laboral superior a:

   a) Dos días de trabajo.
   b) Tres días de trabajo.

c) Un día de trabajo.
d) Cinco días de trabajo.

Respuesta: c) Artículo 23.1 Ley 31/1995. "Relación de accidentes de trabajo y enfermedades profesionales que hayan causado al trabajador una incapacidad laboral superior a un día de trabajo."

116. El empresario deberá elaborar y conservar a disposición de la autoridad laboral y las autoridades sanitarias la siguiente documentación: (señala la incorrecta)

a) Plan de prevención de riesgos laborales.
b) Relación de accidentes de trabajo y enfermedades profesionales que hayan causado al trabajador una incapacidad laboral superior a tres días de trabajo.
c) Evaluación de los riesgos para la seguridad y la salud en el trabajo.
d) Práctica de los controles del estado de salud de los trabajadores.

Respuesta: b) Artículo 23.1 Ley 31/1995. "Relación de accidentes de trabajo y enfermedades profesionales que hayan causado al trabajador una incapacidad laboral superior a un día de trabajo."

117. ¿Cuándo deben remitir las empresas la documentación de acuerdo con la ley de Prevención de Riesgos Laborales a la autoridad laboral?

a) En el caso de un accidente de trabajo.
b) A la cesación de su actividad.
c) Trimestralmente.
d) Anualmente.

Respuesta: b) Artículo 23.2 Ley 31/1995. "En el momento de cesación de su actividad, las empresas deberán remitir a la autoridad laboral la documentación señalada en el apartado anterior."

118. ¿Cuándo deben remitir las empresas la documentación de acuerdo con la ley de Prevención de Riesgos Laborales a la autoridad laboral?

a) Anualmente.
b) Al inicio de su actividad.
c) En el momento de cesación de su actividad.
d) b) y c) son correctas.

Respuesta: c) Artículo 23.2 Ley 31/1995. "En el momento de cesación de su actividad, las empresas deberán remitir a la autoridad laboral la documentación señalada en el apartado anterior."

119. Respecto a los daños para la salud de sus trabajadores producidos con motivo del desarrollo de su trabajo, el empresario:

   a) Deberá comunicarlo por escrito a la autoridad laboral.
   b) Deberá comunicarlo a la autoridad laboral si así lo establece el plan de prevención.
   c) Deberá comunicarlo verbalmente a la autoridad laboral.
   d) No tiene que comunicarlo.

Respuesta: a) Artículo 23.3 Ley 31/1995. "El empresario estará obligado a notificar por escrito a la autoridad laboral los daños para la salud de los trabajadores a su servicio que se hubieran producido con motivo del desarrollo de su trabajo, conforme al procedimiento que se determine reglamentariamente."

120. ¿Cuál de las siguientes autoridades también debe tener acceso a la documentación mencionada en la ley de Prevención de Riesgos Laborales?

   a) Autoridades fiscales.
   b) Autoridades sanitarias.
   c) Autoridades de transporte.
   d) Autoridades de educación.

Respuesta: b) Artículo 23.4 Ley 31/1995. "La documentación a que se hace referencia en el presente artículo deberá también ser puesta a disposición de las autoridades sanitarias al objeto de que éstas puedan cumplir con lo dispuesto en el artículo 10 de la presente Ley y en el artículo 21 de la Ley 14/1986, de 25 de abril, General de Sanidad."

121. Cuando en un mismo centro de trabajo desarrollen actividades trabajadores de dos o más empresas

   a) Solo la empresa principal indicará los medios de coordinación necesarios para protección de seguridad y salud.
   b) Ambas deberán cooperar en la aplicación de la normativa sobre prevención de riesgos laborales.
   c) Las medidas en materias de prevención las dictará el empresario con mayor patrimonio.
   d) Todas las anteriores.

Respuesta: b) Artículo 24.3 y 24.5 Ley 31/1995. "Cuando en un mismo centro de trabajo desarrollen actividades trabajadoras de dos o más empresas, éstas deberán cooperar en la aplicación de la normativa sobre prevención de riesgos laborales."

122. ¿Quiénes están sujetos a los deberes de cooperación y de información e instrucción según la coordinación de las actividades empresariales sujetas a la Ley Prevención de Riesgos Laborales?

- a) Solo los trabajadores autónomos que desarrollan actividades en los centros de trabajo.
- b) Todos los trabajadores de las empresas contratistas y subcontratistas.
- c) Únicamente los empleados de la empresa titular del centro de trabajo.
- d) Tanto los trabajadores autónomos como los empleados de las empresas contratistas y subcontratistas.

Respuesta: d) Artículo 24.3 y 24.5 Ley 31/1995. "Las empresas que contraten o subcontraten con otras la realización de obras o servicios correspondientes a la propia actividad de aquéllas y que se desarrollen en sus propios centros de trabajo deberán vigilar el cumplimiento por dichos contratistas y subcontratistas de la normativa de prevención de riesgos laborales. Los deberes de cooperación y de información e instrucción recogidos en los apartados 1 y 2 serán de aplicación respecto de los trabajadores autónomos que desarrollen actividades en dichos centros de trabajo."

123. Las obligaciones consignadas en el último párrafo del apartado 1 del artículo 41 de la Ley de Prevención de Riesgos Laborales serán también de aplicación, en los supuestos en que los trabajadores de la empresa contratista o subcontratista

- a) Presten servicios en los centros de trabajo de la empresa principal, siempre que tales trabajadores deban operar con maquinaria, equipos, productos, materias primas o útiles proporcionados por la empresa principal.
- b) No presten servicios en los centros de trabajo de la empresa principal, siempre que tales trabajadores no deban operar con maquinaria, equipos, productos, materias primas o útiles proporcionados por la empresa principal.
- c) No presten servicios en los centros de trabajo de la empresa principal, siempre que tales trabajadores deban operar con maquinaria, equipos, productos, materias primas o útiles proporcionados por la empresa principal.
- d) Presten servicios en los centros de trabajo de la empresa principal, siempre que tales trabajadores no deban operar con maquinaria, equipos, productos, materias primas o útiles proporcionados por la empresa principal.

Respuesta: c) Artículo 24.4 Ley 31/1995. "Las obligaciones consignadas en el último párrafo del apartado 1 del artículo 41 de esta Ley serán también de aplicación, respecto de las operaciones contratadas, en los supuestos en que los trabajadores de la empresa contratista o subcontratista no presten servicios en los centros de trabajo de la empresa principal, siempre

que tales trabajadores deban operar con maquinaria, equipos, productos, materias primas o útiles proporcionados por la empresa principal."

124. ¿Cuál es el alcance de las obligaciones de cooperación y de información e instrucción en relación con los trabajadores autónomos que desarrollan actividades en los centros de trabajo?

- a) No se aplican a los trabajadores autónomos.
- b) Se aplican solo si los trabajadores autónomos operan con maquinaria proporcionada por la empresa principal.
- c) Se aplican en la misma medida que a los empleados de la empresa principal.
- d) Solo se aplican a los trabajadores autónomos si están sindicalizados.

Respuesta: c) Artículo 24.3 y 24.5 Ley 31/1995. "Los deberes de cooperación y de información e instrucción recogidos en los apartados 1 y 2 serán de aplicación respecto de los trabajadores autónomos que desarrollen actividades en dichos centros de trabajo."

125. ¿Cuál es la responsabilidad del empresario en relación a los trabajadores especialmente sensibles a los riesgos laborales?

- a) Ignorar sus características personales y estado biológico en las evaluaciones de riesgos.
- b) Adoptar medidas preventivas y de protección necesarias teniendo en cuenta sus características personales y estado biológico.
- c) Excluir a estos trabajadores de la empresa para evitar riesgos laborales.
- d) Delegar la responsabilidad en otros empleados para garantizar su protección.

Respuesta: b) Artículo 25.1 Ley 31/1995. "A tal fin, deberá tener en cuenta dichos aspectos en las evaluaciones de los riesgos y, en función de éstas, adoptará las medidas preventivas y de protección necesarias."

126. Los trabajadores no serán empleados en aquellos puestos de trabajo en los que, a causa de ____ puedan ellos, los demás trabajadores u otras personas relacionadas con la empresa ponerse en situación de peligro.

- a) Sus características personales.
- b) Su estado biológico.
- c) por su discapacidad física, psíquica o sensorial debidamente reconocida
- d) Todas las anteriores

Respuesta: d) Artículo 25.1 Ley 31/1995. "Los trabajadores no serán empleados en aquellos puestos de trabajo en los que, a causa de sus características personales, estado biológico o por

su discapacidad física, psíquica o sensorial debidamente reconocida, puedan ellos, los demás trabajadores u otras personas relacionadas con la empresa ponerse en situación de peligro."

127. Los trabajadores no serán empleados en aquellos puestos de trabajo en los que, a causa de sus características personales, estado biológico o por su discapacidad física, psíquica o sensorial debidamente reconocida:

  a) Puedan ellos ponerse en situación de peligro
  b) Puedan los demás trabajadores u otras personas relacionadas con la empresa ponerse en situación de peligro.
  c) Cuando se encuentren manifiestamente en estados o situaciones transitorias que no respondan a las exigencias psicofísicas de los respectivos puestos de trabajo.
  d) Todas las anteriores

Respuesta: d) Artículo 25.1 Ley 31/1995. "Los trabajadores no serán empleados en aquellos puestos de trabajo en los que, a causa de sus características personales, estado biológico o por su discapacidad física, psíquica o sensorial debidamente reconocida, puedan ellos, los demás trabajadores u otras personas relacionadas con la empresa ponerse en situación de peligro o, en general, cuando se encuentren manifiestamente en estados o situaciones transitorias que no respondan a las exigencias psicofísicas de los respectivos puestos de trabajo."

128. ¿Cuál es el objetivo del empresario al considerar los factores de riesgo que puedan incidir en la función de procreación de los trabajadores?

  a) Limitar el acceso de los trabajadores a puestos de trabajo específicos.
  b) Promover la exposición de los trabajadores a agentes mutagénicos y tóxicos.
  c) Adoptar las medidas preventivas necesarias para proteger la fertilidad y el desarrollo de la descendencia.
  d) Ignorar los posibles efectos negativos en la procreación de los trabajadores.

Respuesta: c) Artículo 25.2 Ley 31/1995. "Igualmente, el empresario deberá tener en cuenta en las evaluaciones los factores de riesgo que puedan incidir en la función de procreación de los trabajadores y trabajadoras, en particular por la exposición a agentes físicos, químicos y biológicos que puedan ejercer efectos mutagénicos o de toxicidad para la procreación, tanto en los aspectos de la fertilidad, como del desarrollo de la descendencia, con objeto de adoptar las medidas preventivas necesarias."

129. ¿Qué factores de riesgo deben tener en cuenta las evaluaciones del empresario en relación a la función de procreación de los trabajadores?

  a) Únicamente los factores químicos que puedan afectar la fertilidad.
  b) Los factores físicos y químicos que puedan afectar la fertilidad y el desarrollo de la descendencia.

c) Los factores genéticos que puedan afectar la fertilidad y el desarrollo de la descendencia.
d) Los factores psicológicos que puedan afectar la fertilidad y el desarrollo de la descendencia.

Respuesta: b) Artículo 25.2 Ley 31/1995. "Igualmente, el empresario deberá tener en cuenta en las evaluaciones los factores de riesgo que puedan incidir en la función de procreación de los trabajadores y trabajadoras, en particular por la exposición a agentes físicos, químicos y biológicos que puedan ejercer efectos mutagénicos o de toxicidad para la procreación."

130. En relación con el embarazo, la Ley de Prevención de Riesgos Laborales:

a) No establece nada de la realización del trabajo a turnos.
b) Prevé la no realización del trabajo nocturno cuando resulte necesario.
c) Suprime el trabajo nocturno en caso de que no sea posible la prestación por paternidad.
d) Prohíbe el trabajo nocturno o trabajo a turnos.

Respuesta: b) Artículo 26.1 Ley 31/1995. "Dichas medidas incluirán, cuando resulte necesario, la no realización de trabajo nocturno o de trabajo a turnos."

131. Si los resultados de la evaluación revelasen un riesgo para la seguridad y la salud o una posible repercusión sobre el embarazo o la lactancia de las trabajadoras, el empresario adoptará las medidas necesarias para evitar la exposición a dicho riesgo, a través de:

a) La adaptación de las condiciones o del tiempo de trabajo de la trabajadora afectada.
b) La no realización de trabajo a turnos, cuando resulte necesario.
c) La no realización de trabajo nocturno, cuando resulte necesario.
d) Todas son correctas.

Respuesta: d) Artículo 26.1 Ley 31/1995. "Dichas medidas incluirán, cuando resulte necesario, la no realización de trabajo nocturno o de trabajo a turnos."

132. La trabajadora deberá desempeñar un puesto de trabajo o función diferente y compatible con su estado cuando:

a) La adaptación de las condiciones o del tiempo de trabajo no resultase posible.
b) A pesar de la adaptación, las condiciones de un puesto de trabajo pudieran influir negativamente en la salud de la trabajadora embarazada.
c) A pesar de la adaptación, las condiciones de un puesto de trabajo pudieran influir negativamente en la salud de en situación de lactancia.
d) Todas son correctas.

Respuesta: d) Artículo 26.2 Ley 31/1995. "Cuando la adaptación de las condiciones o del tiempo de trabajo no resultase posible o, a pesar de tal adaptación, las condiciones de un puesto de trabajo pudieran influir negativamente en la salud de la trabajadora embarazada o del feto, y así lo certifiquen los Servicios Médicos del Instituto Nacional de la Seguridad Social o de las Mutuas, en función de la Entidad con la que la empresa tenga concertada la cobertura de los riesgos profesionales, con el informe del médico del Servicio Nacional de Salud que asista facultativamente a la trabajadora, ésta deberá desempeñar un puesto de trabajo o función diferente y compatible con su estado."

133. La relación de los puestos de trabajo exentos de riesgos para la salud de la trabajadora embarazada o del feto se deberá determinar por:

- a) Los Servicios Médicos del Instituto Nacional de la Seguridad Social.
- b) Los representantes de los trabajadores.
- c) La autoridad laboral.
- d) El empresario, previa consulta con los representantes de los trabajadores.

Respuesta: d) Artículo 26.2 Ley 31/1995. "El empresario deberá determinar, previa consulta con los representantes de los trabajadores, la relación de los puestos de trabajo exentos de riesgos a estos efectos."

134. La suspensión del contrato de trabajadora embarazada cuando no resulta posible el cambio de puesto o no pueda exigirse por motivos justificados durará:

- a) Mientras persista la imposibilidad de reincorporarse a su mismo puesto anterior.
- b) Mientras la trabajadora esté embarazada.
- c) Mientras no pueda reincorporarse a su mismo puesto o a otro compatible con su estado.
- d) Hasta el momento de la reincorporación tras la maternidad que también es causa de suspensión del contrato.

Respuesta: c) Artículo 26.3 Ley 31/1995. "Si dicho cambio de puesto no resultara técnica u objetivamente posible, o no pueda razonablemente exigirse por motivos justificados, podrá declararse el paso de la trabajadora afectada a la situación de suspensión del contrato por riesgo durante el embarazo, contemplada en el artículo 45.1.d) del Estatuto de los Trabajadores, durante el período necesario para la protección de su seguridad o de su salud y mientras persista la imposibilidad de reincorporarse a su puesto anterior o a otro puesto compatible con su estado."

135. Cuando una trabajadora se encuentre en situación de embarazo se suspenderá el contrato cuando:

- a) La trabajadora y el empresario así lo acuerden mediante un pacto.

   b) Los servicios de prevención lo acuerden junto con el empresario.
   c) No resulte posible adaptar el puesto.
   d) No fuera posible la adaptación del puesto, y el cambio de puesto de trabajo tampoco resultara técnica u objetivamente posible.

Respuesta: d) Artículo 26.3 Ley 31/1995. "Si dicho cambio de puesto no resultara técnica u objetivamente posible, o no pueda razonablemente exigirse por motivos justificados, podrá declararse el paso de la trabajadora afectada a la situación de suspensión del contrato por riesgo durante el embarazo."

136. ¿En qué situación se puede declarar la suspensión del contrato de una trabajadora por riesgo durante la lactancia natural?

   a) Si la trabajadora decide suspender el contrato de manera voluntaria.
   b) Si la empresa decide suspender el contrato sin necesidad de certificación médica.
   c) Si las condiciones de trabajo pudieran influir negativamente en la salud de la mujer o del hijo y así lo certifiquen los Servicios Médicos del Instituto Nacional de la Seguridad Social o de las Mutuas.
   d) No se puede suspender el contrato durante la lactancia natural.

Respuesta: c) Artículo 26.4 Ley 31/1995. "Si las condiciones de trabajo pudieran influir negativamente en la salud de la mujer o del hijo y así lo certifiquen los Servicios Médicos del Instituto Nacional de la Seguridad Social o de las Mutuas, en función de la Entidad con la que la empresa tenga concertada la cobertura de los riesgos profesionales, con el informe del médico del Servicio Nacional de Salud que asista facultativamente a la trabajadora o a su hijo. Podrá, asimismo, declararse el pase de la trabajadora afectada a la situación de suspensión del contrato por riesgo durante la lactancia natural de hijos menores de nueve meses."

137. ¿Cuál es el derecho de las trabajadoras embarazadas en relación con los exámenes prenatales y las técnicas de preparación al parto?

   a) Tienen derecho a realizarlos fuera de la jornada de trabajo.
   b) Tienen derecho a realizarlos, pero sin remuneración, previo aviso al empresario y justificación de la necesidad de su realización dentro de la jornada de trabajo.
   c) Tienen derecho a ausentarse del trabajo con derecho a remuneración, previo aviso al empresario y justificación de la necesidad de su realización dentro de la jornada de trabajo.
   d) No tienen derecho a realizar exámenes prenatales o técnicas de preparación al parto.

Respuesta: c) Artículo 26.5 Ley 31/1995. "Las trabajadoras embarazadas tendrán derecho a ausentarse del trabajo, con derecho a remuneración, para la realización de exámenes prenatales y técnicas de preparación al parto, previo aviso al empresario y justificación de la necesidad de su realización dentro de la jornada de trabajo."

138. Las trabajadoras embarazadas:

a) Tendrán derecho a ausentarse del trabajo, con derecho a remuneración, para la realización de exámenes prenatales y técnicas de preparación al parto, previo aviso al servicio de prevención y justificación de la necesidad de su realización dentro de la jornada de trabajo.
b) Tendrán derecho a ausentarse del trabajo, sin derecho a remuneración, para la realización de exámenes prenatales y técnicas de preparación al parto, previo aviso al servicio de prevención y justificación de la necesidad de su realización dentro de la jornada de trabajo.
c) Tendrán derecho a ausentarse del trabajo, sin derecho a remuneración, para la realización de exámenes prenatales y técnicas de preparación al parto, previo aviso al empresario y justificación de la necesidad de su realización dentro de la jornada de trabajo.
d) Tendrán derecho a ausentarse del trabajo, con derecho a remuneración, para la realización de exámenes prenatales y técnicas de preparación al parto, previo aviso al empresario y justificación de la necesidad de su realización dentro de la jornada de trabajo.

Respuesta: d) Artículo 26.5 Ley 31/1995. "Las trabajadoras embarazadas tendrán derecho a ausentarse del trabajo, con derecho a remuneración, para la realización de exámenes prenatales y técnicas de preparación al parto, previo aviso al empresario y justificación de la necesidad de su realización dentro de la jornada de trabajo."

139. ¿Qué aspectos debe tener en cuenta particularmente el empresario en la evaluación de los puestos de trabajo para jóvenes?

a) La experiencia laboral previa de los jóvenes.
b) Los riesgos específicos asociados a la falta de experiencia, inmadurez y desarrollo incompleto de los jóvenes.
c) La disponibilidad de equipos de seguridad en el lugar de trabajo.
d) Solo los riesgos físicos presentes en el entorno laboral.

Respuesta: b) Artículo 27.1 Ley 31/1995. "A tal fin, la evaluación tendrá especialmente en cuenta los riesgos específicos para la seguridad, la salud y el desarrollo de los jóvenes derivados de su falta de experiencia, de su inmadurez para evaluar los riesgos existentes o potenciales y de su desarrollo todavía incompleto."

140. ¿A quién debe informar el empresario sobre los posibles riesgos y las medidas de protección para los jóvenes trabajadores menores de 18 años antes de su incorporación?

a) Solo a los jóvenes trabajadores.
b) Solo a los padres o tutores de los jóvenes trabajadores.

c) A los jóvenes trabajadores y a sus padres o tutores que hayan intervenido en la contratación.
d) No es necesario informar a nadie, ya que los jóvenes trabajadores deben asumir los riesgos.

Respuesta: c) Artículo 27.1 Ley 31/1995. "En todo caso, el empresario informará a dichos jóvenes y a sus padres o tutores que hayan intervenido en la contratación, conforme a lo dispuesto en la letra b) del artículo 7 del texto refundido de la Ley del Estatuto de los Trabajadores aprobado por el Real Decreto legislativo 1/1995, de 24 de marzo, de los posibles riesgos y de todas las medidas adoptadas para la protección de su seguridad y salud."

141. ¿Qué establecerá el gobierno con respecto a la contratación de menores de 18 años en aras de su protección en materia de riesgos laborales?

a) La garantía de que el empresario cumple con todos los requisitos para su contratación
b) La garantía de que su trabajo se desarrollará en un entorno seguro y saludable.
c) Las limitaciones a su contratación en trabajos que presenten riesgos específicos.
d) Las limitaciones a su contratación en trabajos que presenten riesgos generales.

Respuesta: c) Artículo 27.2 Ley 31/1995. "Teniendo en cuenta los factores anteriormente señalados, el Gobierno establecerá las limitaciones a la contratación de jóvenes menores de dieciocho años en trabajos que presenten riesgos específicos."

142. ¿Quién establecerá las limitaciones a la contratación de jóvenes menores de dieciocho años en trabajos de riesgo específico?

a) El empresario en consulta con los jóvenes trabajadores.
b) El Gobierno.
c) Los padres o tutores de los jóvenes trabajadores.
d) Los Servicios de Seguridad y Salud en el Trabajo.

Respuesta: b) Artículo 27.2 Ley 31/1995. "El Gobierno establecerá las limitaciones a la contratación de jóvenes menores de dieciocho años en trabajos que presenten riesgos específicos."

143. Señala la afirmación correcta en cuanto a la contratación de menores de 18 años según la Ley de Prevención de Riesgos Laborales:

a) Los padres o tutores del menor deberán efectuar una evaluación de los puestos de trabajo a desempeñar por los mismos.
b) Su falta de inmadurez o experiencia no supondrá ningún riesgo en el trabajo.

c) El Gobierno establecerá las limitaciones a la contratación de jóvenes menores de dieciocho años en trabajos que presenten riesgos específicos.

d) El empresario informará a los padres o tutores del menor de 18 años únicamente cuando se produzca un accidente laboral.

Respuesta: c) Artículo 27.2 Ley 31/1995. "Teniendo en cuenta los factores anteriormente señalados, el Gobierno establecerá las limitaciones a la contratación de jóvenes menores de dieciocho años en trabajos que presenten riesgos específicos."

144. ¿Qué nivel de protección en seguridad y salud deben disfrutar los trabajadores temporales y contratados por empresas de trabajo temporal?

a) Un nivel de protección inferior al de los trabajadores permanentes de la empresa.
b) El mismo nivel de protección que los restantes trabajadores de la empresa.
c) No se les aplica ninguna medida de protección en seguridad y salud.
d) Solo se aplica protección en seguridad, pero no en salud.

Respuesta: b) Artículo 28.1 Ley 31/1995. "Los trabajadores con relaciones de trabajo temporales o de duración determinada, así como los contratados por empresas de trabajo temporal, deberán disfrutar del mismo nivel de protección en materia de seguridad y salud que los restantes trabajadores de la empresa en la que prestan sus servicios."

145. Disfrutan del mismo nivel de protección en materia de seguridad y salud que los restantes trabajadores de la empresa en la que prestan sus servicios:

a) Los trabajadores contratados por empresas de trabajo temporal.
b) Los trabajadores con relaciones de duración determinada.
c) Los trabajadores con contrato por obra y servicios.
d) Todas son correctas.

Respuesta: d) Artículo 28.1 Ley 31/1995. "Los trabajadores con relaciones de trabajo temporales o de duración determinada, así como los contratados por empresas de trabajo temporal, deberán disfrutar del mismo nivel de protección en materia de seguridad y salud que los restantes trabajadores de la empresa en la que prestan sus servicios."

146. ¿En qué momento el empresario debe garantizar que los trabajadores temporales y contratados reciban información sobre los riesgos laborales?

a) Durante su primer mes de trabajo.
b) Al finalizar su contrato laboral.
c) Previo al inicio de su actividad.
d) No es necesario proporcionarles información sobre riesgos laborales.

Respuesta: c) Artículo 28.2 Ley 31/1995. "El empresario adoptará las medidas necesarias para garantizar que, con carácter previo al inicio de su actividad, los trabajadores a que se refiere el apartado anterior reciban información acerca de los riesgos a los que vayan a estar expuesto."

147. En las relaciones de trabajo a través de empresas de trabajo temporal, será responsable de las condiciones de ejecución del trabajo en todo lo relacionado con la protección de la seguridad y la salud de los trabajadores:

   a) La empresa de trabajo temporal.
   b) La empresa usuaria.
   c) La empresa usuaria junto con la empresa de trabajo temporal.
   d) Ninguna de las anteriores.

Respuesta: b) Artículo 28.5 Ley 31/1995. "En las relaciones de trabajo a través de empresas de trabajo temporal, la empresa usuaria será responsable de las condiciones de ejecución del trabajo en todo lo relacionado con la protección de la seguridad y la salud de los trabajadores."

148. ¿Cuál es la responsabilidad de la empresa usuaria en relación a las condiciones de ejecución del trabajo y la protección de la seguridad y salud de los trabajadores contratados por una empresa de trabajo temporal?

   a) La responsabilidad de la empresa usuaria se limita únicamente a la contratación de los trabajadores temporales y no abarca la protección de su seguridad y salud en el trabajo.
   b) Debe cumplir con las obligaciones de información y será responsable de las condiciones de ejecución del trabajo en todo lo relacionado con la protección de la seguridad y la salud de los trabajadores.
   c) Solo es responsable de la vigilancia periódica de la salud de los trabajadores temporales.
   d) No tiene ninguna responsabilidad, ya que esta recae en la empresa de trabajo temporal.

Respuesta: b) Artículo 28.5 Ley 31/1995. "En las relaciones de trabajo a través de empresas de trabajo temporal, la empresa usuaria será responsable de las condiciones de ejecución del trabajo en todo lo relacionado con la protección de la seguridad y la salud de los trabajadores. Corresponderá, además, a la empresa usuaria el cumplimiento de las obligaciones en materia de información previstas en los apartados 2 y 4 del presente artículo."

149. Será responsable del cumplimiento de las obligaciones en materia de formación y vigilancia de la salud en contrataciones a través de una empresa de trabajo temporal:

   a) La empresa usuaria.
   b) La empresa de trabajo temporal.

c) La empresa usuaria junto con la empresa de trabajo temporal.
d) Ninguna de las anteriores.

Respuesta: b) Artículo 28.5 Ley 31/1995. "La empresa de trabajo temporal será responsable del cumplimiento de las obligaciones en materia de formación y vigilancia de la salud que se establecen en los apartados 2 y 3 de este artículo."

150. ¿A quién debe informar la empresa usuaria de la adscripción de los trabajadores puestos a disposición de la empresa de trabajo temporal?

- a) A la empresa de trabajo temporal.
- b) Al empresario.
- c) A los representantes de los trabajadores.
- d) Al Comité de Seguridad y Salud.

Respuesta: c) Artículo 28.5 Ley 31/1995. "La empresa usuaria deberá informar a los representantes de los trabajadores en la misma de la adscripción de los trabajadores puestos a disposición por la empresa de trabajo temporal."

151. Los trabajadores utilizarán correctamente los medios y equipos de protección facilitados por el empresario de acuerdo con:

- a) Su intuición.
- b) Los riesgos inminentes.
- c) Los riesgos previsibles.
- d) Las instrucciones recibidas por el empresario.

Respuesta: d) Artículo 29.2 Ley 31/1995. "Los trabajadores, con arreglo a su formación y siguiendo las instrucciones del empresario, deberán en particular: Utilizar correctamente los medios y equipos de protección facilitados por el empresario, de acuerdo con las instrucciones recibidas de éste."

152. ¿Cuál de las siguientes acciones son obligaciones de los trabajadores?

- a) Poner fuera de funcionamiento los dispositivos de seguridad existentes.
- b) No informar sobre situaciones de riesgo que puedan afectar a la seguridad y salud de los trabajadores.
- c) Cooperar con el empresario para garantizar condiciones de trabajo seguras.
- d) No utilizar correctamente los medios y equipos de protección proporcionados por el empresario.

Respuesta: c) Artículo 29.2 Ley 31/1995. "Cooperar con el empresario para que éste pueda garantizar unas condiciones de trabajo que sean seguras y no entrañen riesgos para la seguridad y la salud de los trabajadores."

153. Los trabajadores deberán:

a) Utilizar equipos de protección facilitados por el empresario en el caso de que ellos estimen un riesgo.
b) Poner fuera de funcionamiento dispositivos de seguridad cuando estos no sean necesarios.
c) Informar directamente al Comité de Seguridad y Salud acerca de cualquier situación que, a su juicio, entrañe, por motivos razonables, un riesgo para la seguridad y la salud de los trabajadores.
d) Contribuir al cumplimiento de las obligaciones establecidas por la autoridad competente con el fin de proteger la seguridad y la salud de los trabajadores en el trabajo.

Respuesta: d) Artículo 29.2 Ley 31/1995. "Contribuir al cumplimiento de las obligaciones establecidas por la autoridad competente con el fin de proteger la seguridad y la salud de los trabajadores en el trabajo."

154. Los trabajadores deberán acerca de cualquier situación que, a su juicio, entrañe, por motivos razonables, un riesgo para la seguridad y la salud de los trabajadores:

a) Informar de inmediato a su superior jerárquico directo, y a los trabajadores designados para realizar actividades de protección y de prevención o, en su caso, al servicio de prevención.
b) Informar de inmediato al empresario, y a los trabajadores designados para realizar actividades de protección y de prevención o, en su caso, al servicio de prevención.
c) Informar de inmediato a los trabajadores designados para realizar actividades de protección y de prevención o, en su caso, al servicio de prevención.
d) Informar de inmediato a su superior jerárquico directo.

Respuesta: a) Artículo 29.2 Ley 31/1995. "Informar de inmediato a su superior jerárquico directo, y a los trabajadores designados para realizar actividades de protección y de prevención o, en su caso, al servicio de prevención, acerca de cualquier situación que, a su juicio, entrañe, por motivos razonables, un riesgo para la seguridad y la salud de los trabajadores."

155. El incumplimiento por los trabajadores de las obligaciones en materia de prevención de riesgos tendrá la consideración de:

a) Incumplimiento contractual o de falta conforme a la normativa de funcionarios.
b) Incumplimiento laboral o de falta.
c) Falta en todo caso.

d) Incumplimiento laboral en todo caso.

Respuesta: b) Artículo 29.3 Ley 31/1995. "El incumplimiento por los trabajadores de las obligaciones en materia de prevención de riesgos a que se refieren los apartados anteriores tendrá la consideración de incumplimiento laboral a los efectos previstos en el artículo 58.1 del Estatuto de los Trabajadores o de falta, en su caso, conforme a lo establecido en la correspondiente normativa sobre régimen disciplinario de los funcionarios públicos o del personal estatutario al servicio de las Administraciones públicas."

156. Según la Ley 31/1995, el incumplimiento por los trabajadores de las obligaciones en materia de prevención de riesgos a que se refieren los apartados anteriores tendrá la consideración de:

a) Infracción cuando se trate de los funcionarios públicos o del personal estatutario al servicio de las Administraciones públicas.
b) Falta cuando se trate de personal laboral del Estatuto de los Trabajadores.
c) Incumplimiento laboral cuando se trate de personal laboral del Estatuto de los Trabajadores.
d) Omisión cuando se trate de los funcionarios públicos o del personal estatutario al servicio de las Administraciones públicas.

Respuesta: c) Artículo 29.3 Ley 31/1995. "El incumplimiento por los trabajadores de las obligaciones en materia de prevención de riesgos a que se refieren los apartados anteriores tendrá la consideración de incumplimiento laboral a los efectos previstos en el artículo 58.1 del Estatuto de los Trabajadores."

157. El incumplimiento por los trabajadores de las obligaciones en materia de prevención de riesgos a que se refieren los apartados anteriores tendrá la consideración de:

a) Delito contra la seguridad pública.
b) Incumplimiento laboral cuando se trate de los funcionarios públicos o del personal estatutario al servicio de las Administraciones públicas.
c) Falta cuando se trate de personal laboral del Estatuto de los Trabajadores.
d) Ninguna respuesta es correcta.

Respuesta: d) Artículo 29.3 Ley 31/1995. "El incumplimiento por los trabajadores de las obligaciones en materia de prevención de riesgos a que se refieren los apartados anteriores tendrá la consideración de incumplimiento laboral a los efectos previstos en el artículo 58.1 del Estatuto de los Trabajadores o de falta, en su caso, conforme a lo establecido en la correspondiente normativa sobre régimen disciplinario de los funcionarios públicos o del personal estatutario al servicio de las Administraciones públicas."

CAPÍTULO V Consulta y participación

158. Según la Ley de Prevención de Riesgos Laborales, el empresario deberá consultar a los trabajadores con la debida antelación la adopción de la decisión de los trabajadores relativas a:

   a) El proyecto y la organización de la formación en materia sanitaria.
   b) Cualquier otra acción que pueda tener efectos colaterales sobre la seguridad y salud de los trabajadores.
   c) La organización y desarrollo de las actividades de protección de la salud y prevención de riesgos profesionales en la empresa, incluida la designación de los trabajadores encargados de dichas actividades o el recurso de un servicio de protección externo.
   d) Todas las respuestas son correctas.

Respuesta: c) Artículo 33.1 Ley 31/1995. "La organización y desarrollo de las actividades de protección de la salud y prevención de los riesgos profesionales en la empresa, incluida la designación de los trabajadores encargados de dichas actividades o el recurso a un servicio de prevención externo."

159. ¿Qué deben consultar las empresas a los representantes de los trabajadores?

   a) La introducción de nuevas tecnologías.
   b) La organización de las actividades de protección de la salud y prevención de riesgos.
   c) El proyecto y la organización de la formación en materia preventiva.
   d) Todas las anteriores, incluidas las acciones que tengan efectos sustanciales sobre la seguridad y salud de los trabajadores.

Respuesta: d) Artículo 33.1 Ley 31/1995. "Cualquier otra acción que pueda tener efectos sustanciales sobre la seguridad y la salud de los trabajadores."

160. En las empresas o centros de trabajo que cuenten con _____ o más trabajadores, la participación de éstos se canalizará a través de sus representantes [...]

   a) Cuatro.
   b) Seis.
   c) Diez.
   d) Cinco.

Respuesta: b) Artículo 34.1 Ley 31/1995. "En las empresas o centros de trabajo que cuenten con seis o más trabajadores, la participación de éstos se canalizará a través de sus representantes y de la representación especializada que se regula en este capítulo."

161. Corresponde la defensa de los intereses de los trabajadores en materia de prevención de riesgos en el trabajo a:

   a) Los Comités de Empresa.
   b) Los Delegados de Personal.
   c) Los representantes sindicales.
   d) Todas son correctas.

Respuesta: d) Artículo 34.2 Ley 31/1995. "A los Comités de Empresa, a los Delegados de Personal y a los representantes sindicales les corresponde, en los términos que, respectivamente, les reconocen el Estatuto de los Trabajadores, la Ley de Órganos de Representación del Personal al Servicio de las Administraciones Públicas y la Ley Orgánica de Libertad Sindical, la defensa de los intereses de los trabajadores en materia de prevención de riesgos en el trabajo."

162. Según el artículo 34 de la Ley de Prevención de Riesgos Laborales, ¿qué leyes reconocen las funciones de los Comités de Empresa, Delegados de Personal y representantes sindicales en materia de prevención de riesgos en el trabajo?

   a) La Ley de Contratación Pública y la Ley de Transparencia.
   b) La Ley de Procedimiento Administrativo y la Ley de Presupuesto Generales del Estado.
   c) La Ley de Seguridad Privada y la Ley de Propiedad Intelectual.
   d) El Estatuto de los Trabajadores, la Ley de Órganos de Representación del Personal al Servicio de las Administraciones Públicas y la Ley orgánica de Libertad Sindical.

Respuesta: d) Artículo 34.2 Ley 31/1995. "A los Comités de Empresa, a los Delegados de Personal y a los representantes sindicales les corresponde, en los términos que, respectivamente, les reconocen el Estatuto de los Trabajadores, la Ley de Órganos de Representación del Personal al Servicio de las Administraciones Públicas y la Ley Orgánica de Libertad Sindical, la defensa de los intereses de los trabajadores en materia de prevención de riesgos en el trabajo."

163. Según el artículo 34 de la Ley de PRL, los representantes del personal ejercerán las competencias que establece en el Estatuto de los trabajadores, Ley de Órganos de Representación del Personal al Servicio de las Administraciones Públicas y la Ley Orgánica de Libertad Sindical en materia de:

   a) Información, consulta y negociación.
   b) Ejercicio de acciones en las empresas y órganos competentes.

c) Vigilancia y control.
d) Todas son correctas.

Respuesta: d) Artículo 34.2 Ley 31/1995. "Para ello, los representantes del personal ejercerán las competencias que dichas normas establecen en materia de información, consulta y negociación, vigilancia y control y ejercicio de acciones ante las empresas y los órganos y tribunales competentes."

164. ¿Cómo se ejercerá el derecho de participación en el ámbito de las Administraciones Públicas en cuestión de prevención de riesgos laborales?

a) Con las mínimas adaptaciones que procedan dadas las condiciones similares en que se realizan.
b) Con las adaptaciones que procedan en atención a la diversidad de las actividades que desarrollan y las diferentes condiciones en las que estas se realizan.
c) Con las adaptaciones que procedan en atención a la similitud de las actividades que desarrollan y las condiciones similares en las que estas se realizan.
d) En base a la simplicidad y dispersión de su estructura organizativa y de sus peculiaridades en materia de representación colectiva.

Respuesta: b) Artículo 34.3 Ley 31/1995. "El derecho de participación que se regula en este capítulo se ejercerá en el ámbito de las Administraciones públicas con las adaptaciones que procedan en atención a la diversidad de las actividades que desarrollan y las diferentes condiciones en que éstas se realizan, la complejidad y dispersión de su estructura organizativa y sus peculiaridades en materia de representación colectiva."

165. Según el artículo 34 de la Ley 31/95, ¿Qué aspectos se tendrán en cuenta para adaptar el derecho de participación en las Administraciones Públicas?

a) La cantidad de personal contratado y la duración de sus contratos.
b) La diversidad de las actividades, las diferentes condiciones, la complejidad y dispersión de su estructura organizativa, y sus peculiaridades en materia de representación colectiva.
c) Los presupuestos anuales y las políticas de recursos humanos.
d) Los horarios laborales y los beneficios sociales.

Respuesta: b) Artículo 34.3 Ley 31/1995. "El derecho de participación que se regula en este capítulo se ejercerá en el ámbito de las Administraciones públicas con las adaptaciones que procedan en atención a la diversidad de las actividades que desarrollan y las diferentes condiciones en que éstas se realizan, la complejidad y dispersión de su estructura organizativa y sus peculiaridades en materia de representación colectiva."

166. ¿Cómo se constituirá generalmente el Comité de Seguridad y Salud en el ámbito de los órganos de representación del personal en las Administraciones públicas?

- a) Con representantes exclusivamente del personal estatutario.
- b) Con representantes exclusivamente del personal laboral.
- c) Con representantes de los Delegados de Prevención y de la Administración.
- d) Con representantes de los Comités de Empresa y Delegados de Personal.

Respuesta: c) Artículo 34.3 Ley 31/1995. "Con carácter general, se constituirá un único Comité de Seguridad y Salud en el ámbito de los órganos de representación previstos en la Ley de Órganos de Representación del Personal al Servicio de las Administraciones Públicas, que estará integrado por los Delegados de Prevención designados en dicho ámbito, tanto para el personal con relación de carácter administrativo o estatutario como para el personal laboral, y por representantes de la Administración en número no superior al de Delegados."

167. Cuando en el ámbito de la Administración General del Estado existan diferentes órganos de representación del personal se deberá garantizar, en materia de prevención y protección de la seguridad y salud en el trabajo:

- a) La exclusividad de actuación de cada órgano.
- b) La competencia única de un solo órgano.
- c) La actuación coordinada de todos los órganos.
- d) La supresión de los demás órganos.

Respuesta: c) Artículo 34.3 Ley 31/1995. "Cuando en el indicado ámbito existan diferentes órganos de representación del personal, se deberá garantizar una actuación coordinada de todos ellos en materia de prevención y protección de la seguridad y la salud en el trabajo."

168. Con carácter general, en el ámbito de la Administración General del Estado:

- a) Se constituirá un único Comité de Seguridad y Salud integrado por los Delegados de Prevención y por representantes de la Administración en número superior al de Delegados.
- b) Se constituirán diferentes Comités de Seguridad y Salud integrados por los Delegados de Prevención y por representantes de la Administración en número superior al de Delegados.
- c) Se constituirá un único Comité de Seguridad y Salud integrado por los Delegados de Prevención y por representantes de la Administración en número no superior al de Delegados.
- d) Se constituirá un único Comité de Seguridad y Salud integrado por los Delegados de Prevención y por representantes de la Administración en número igual al de Delegados.

Respuesta: c) Artículo 34.3 Ley 31/1995. "Con carácter general, se constituirá un único Comité de Seguridad y Salud en el ámbito de los órganos de representación previstos en la Ley de Órganos de Representación del Personal al Servicio de las Administraciones Públicas, que estará integrado por los Delegados de Prevención designados en dicho ámbito, tanto para el personal con relación de carácter administrativo o estatutario como para el personal laboral, y por representantes de la Administración en número no superior al de Delegados."

169. ¿Quiénes son los Delegados de Prevención?

- a) Los integrantes de un servicio de prevención ajeno a la empresa.
- b) Los que su labor principal sea la de impartir formación en materia de prevención de riesgos laborales.
- c) Los representantes de los trabajadores con funciones específicas en materia de contratación del personal de nuevo ingreso.
- d) Los representantes de los trabajadores con funciones específicas en materia de prevención de riesgos en el trabajo.

Respuesta: d) Artículo 35.1 Ley 31/1995. "Los Delegados de Prevención son los representantes de los trabajadores con funciones específicas en materia de prevención de riesgos en el trabajo."

170. Los Delegados de Prevención serán elegidos:

- a) Por los trabajadores entre los representantes del personal.
- b) Por el empresario.
- c) Por y entre los representantes del personal.
- d) Por los representantes del personal entre los trabajadores.

Respuesta: c) Artículo 35.2 Ley 31/1995. "Los Delegados de Prevención serán designados por y entre los representantes del personal."

171. En una empresa de 609 trabajadores:

- a) Habrá un Delegado de Prevención.
- b) Habrá dos Delegados de Prevención.
- c) Habrá tres Delegados de Prevención.
- d) Habrá cuatro Delegados de Prevención.

Respuesta: d) Artículo 35.2 Ley 31/1995. "De 501 a 1.000 trabajadores: 4 Delegados de Prevención."

172. En empresas de 1000 trabajadores:

a) Habrá dos Delegados de Prevención
b) Habrá tres Delegados de Prevención
c) Habrá cuatro Delegados de Prevención.
d) Habrá cinco Delegados de Prevención.

Respuesta: c) Artículo 35.2 Ley 31/1995. "De 501 a 1.000 trabajadores: 4 Delegados de Prevención."

173. El número máximo de Delegados de Prevención en una empresa será de:

a) 8
b) 6
c) 4
d) 9

Respuesta: a) Artículo 35.2 Ley 31/1995. "De 4.001 en adelante: 8 Delegados de Prevención."

174. En empresas de hasta 30 trabajadores el Delegado de Prevención:

a) Será elegido por y entre los Delegados de Personal.
b) Será el delegado del personal.
c) Será el representante de los trabajadores.
d) No será necesario.

Respuesta: b) Artículo 35.2 Ley 31/1995. "En las empresas de hasta treinta trabajadores el Delegado de Prevención será el Delegado de Personal."

175. En empresas de 35 trabajadores el Delegado de Prevención:

a) Será elegido por y entre los Delegados de Personal.
b) Será el Delegado del Personal.
c) Será el representante de los trabajadores.
d) No será necesario.

Respuesta: a) Artículo 35.2 Ley 31/1995. "En las empresas de treinta y uno a cuarenta y nueve trabajadores habrá un Delegado de Prevención que será elegido por y entre los Delegados de Personal."

176. En una empresa de 49 trabajadores, el Delegado de Prevención:

a) Será elegido por y entre los Delegados de Personal.

- b) Será elegido entre los Delegados de Personal.
- c) Será elegido por los Delegados de Personal.
- d) Todas son correctas.

Respuesta: a) Artículo 35.2 Ley 31/1995. "En las empresas de hasta treinta trabajadores el Delegado de Prevención será el Delegado de Personal. En las empresas de treinta y uno a cuarenta y nueve trabajadores habrá un Delegado de Prevención que será elegido por y entre los Delegados de Personal."

177. ¿Cómo se computarán los trabajadores contratados de duración determinada superior a un año para determinar el número de Delegados de Prevención?

- a) Trabajadores autónomos.
- b) Se computarán como trabajadores temporales.
- c) Fijos en plantilla.
- d) No se consideran en el cómputo total de la plantilla.

Respuesta: b) Artículo 35.3 Ley 31/1995. "Los trabajadores vinculados por contratos de duración determinada superior a un año se computarán como trabajadores fijos de plantilla."

178. ¿Cómo se computarán los trabajadores contratados por término de hasta un año para determinar el número de Delegados de Prevención?

- a) Por el número de días trabajados en el período de un año posterior a la designación.
- b) Por el número de días trabajados en el período de un año anterior a la designación.
- c) Por el número de días trabajados en el período de seis meses anterior a la designación.
- d) Por el número de días trabajados en el período de seis meses posterior a la designación.

Respuesta: b) Artículo 35.3 Ley 31/1995. "Los contratados por término de hasta un año se computarán según el número de días trabajados en el período de un año anterior a la designación."

179. "Los contratados por término de hasta un año se computarán según el número de días trabajados en el período de un año anterior a la designación. Cada ____ días trabajados o fracción se computarán como un trabajador más."

- a) Trescientos.
- b) Doscientos.
- c) Quinientos.
- d) Seiscientos.

Respuesta: b) Artículo 35.3 Ley 31/1995. "Cada doscientos días trabajados o fracción se computarán como un trabajador más."

180. En una empresa con 900 trabajadores con contrato de indefinido y 101 trabajadores con contrato de duración superior a un año, habrá:

   a) Tres Delegados de Prevención
   b) Cuatro Delegados de Prevención.
   c) Seis Delegados de Prevención
   d) Cinco Delegados de Prevención.

Respuesta: d) Artículo 35.3 Ley 31/1995. "De 1.001 a 2.000 trabajadores: 5 Delegados de Prevención. Los trabajadores vinculados por contratos de duración determinada superior a un año se computarán como trabajadores fijos de plantilla."

181. El sistema establecido en la Ley de Prevención de Riesgos Laborales para nombrar a los Delegados de Prevención:

   a) No podrá modificarse salvo que lo establezca una orden con rango de ley.
   b) Podrán establecerse otros sistemas en convenios colectivos, siempre que se garantice que la facultad de designación corresponde a los representantes del personal o a los propios trabajadores.
   c) Podrá modificarse reglamentariamente.
   d) Se podrán modificar cuando lo establezca el empresario en el plan de prevención.

Respuesta: b) Artículo 35.4 Ley 31/1995. "No obstante lo dispuesto en el presente artículo, en los convenios colectivos podrán establecerse otros sistemas de designación de los Delegados de Prevención, siempre que se garantice que la facultad de designación corresponde a los representantes del personal o a los propios trabajadores."

182. Podrá acordarse que las competencias reconocidas en la Ley 31/95 de Prevención de Riesgos Laborales a los Delegados de Prevención sean ejercidas por:

   a) Los socios de sociedades cooperativas.
   b) Órganos específicos creados en el propio convenio o en los acuerdos citados.
   c) El empresario.
   d) Los sindicatos y los trabajadores.

Respuesta: b) Artículo 35.4 Ley 31/1995. "Podrá acordarse que las competencias reconocidas en esta Ley a los Delegados de Prevención sean ejercidas por órganos específicos creados en el propio convenio o en los acuerdos citados."

183. ¿Cuál de las siguientes opciones es incorrecta en relación a las competencias de los Delegados de Prevención?

   a) Colaborar con la dirección de la empresa en la mejora de la acción preventiva.
   b) Promover y fomentar la cooperación de los trabajadores en la ejecución de la normativa sobre prevención de riesgos laborales.
   c) Ser consultados por el empresario, con carácter previo a su ejecución.
   d) Imponer sanciones disciplinarias a los trabajadores que no cumplan con las normas de seguridad en el trabajo.

Respuesta: d) Artículo 36.1 Ley 31/1995. "Son competencias de los Delegados de Prevención: a) Colaborar con la dirección de la empresa en la mejora de la acción preventiva. b) Promover y fomentar la cooperación de los trabajadores en la ejecución de la normativa sobre prevención de riesgos laborales. c) Ser consultados por el empresario, con carácter previo a su ejecución, acerca de las decisiones a que se refiere el artículo 33 de la presente Ley."

184. No es competencia de los Delegados de Prevención:

   a) Colaborar con la dirección de la empresa en la mejora de la acción preventiva.
   b) Promover y fomentar la cooperación de los trabajadores en la ejecución de la normativa sobre prevención de riesgos laborales.
   c) Promover iniciativas sobre métodos y procedimientos para la efectiva prevención de los riesgos.
   d) Ejercer una labor de vigilancia y control sobre el cumplimiento de la normativa de prevención de riesgos laborales.

Respuesta: c) Artículo 36.1 Ley 31/1995. " a) Colaborar con la dirección de la empresa en la mejora de la acción preventiva. b) Promover y fomentar la cooperación de los trabajadores en la ejecución de la normativa sobre prevención de riesgos laborales. d) Ejercer una labor de vigilancia y control sobre el cumplimiento de la normativa de prevención de riesgos laborales."

185. Las empresas que no cuenten con Comité de Seguridad y salud por no alcanzar el número necesario de trabajadores, según la Ley 31/95 de Prevención de Riesgos Laborales:

   a) Las competencias atribuidas a aquél en la presente Ley serán ejercidas por los Delegados de Prevención.
   b) Las competencias atribuidas a aquél en la presente Ley serán ejercidas por el empresario.
   c) Las competencias atribuidas a aquél en la presente Ley serán ejercidas por Inspección del Trabajo y Seguridad Social.
   d) Las competencias atribuidas a aquél en la presente Ley no serán ejercidas por ningún otro organismo.

Respuesta: a) Artículo 36.1 Ley 31/1995. "En las empresas que, de acuerdo con lo dispuesto en el apartado 2 del artículo 38 de esta Ley, no cuenten con Comité de Seguridad y Salud por no alcanzar el número mínimo de trabajadores establecido al efecto, las competencias atribuidas a aquél en la presente Ley serán ejercidas por los Delegados de Prevención."

186. ¿Cuál de las siguientes es una competencia de los Delegados de Prevención de riesgos laborales?:

a) Formar a los trabajadores en materia preventiva.
b) Ejercer una labor de denuncia sobre el cumplimiento de la normativa de prevención de riesgos laborales.
c) Ser consultado por el empresario con carácter previo a su ejecución acerca de las decisiones a las que se refiere el artículo 33 de esta Ley.
d) Ninguna es correcta.

Respuesta: c) Artículo 36.1 Ley 31/1995. "Ser consultados por el empresario, con carácter previo a su ejecución, acerca de las decisiones a que se refiere el artículo 33 de la presente Ley."

187. ¿Cuál de las siguientes acciones NO está dentro de las competencias de los Delegados de Prevención?

a) Realizar visitas a los lugares de trabajo para ejercer vigilancia y control de las condiciones de trabajo.
b) Ser informados por el empresario sobre los daños producidos en la salud de los trabajadores, aún fuera de su jornada laboral.
c) Acompañar a los Inspectores de Trabajo y Seguridad Social en las visitas que realicen a los centros de trabajo.
d) Decidir unilateralmente la paralización de actividades sin consultar al órgano de representación de los trabajadores.

Respuesta: d) Artículo 36.2 Ley 31/1995. "Proponer al órgano de representación de los trabajadores la adopción del acuerdo de paralización de actividades a que se refiere el apartado 3 del artículo 21."

188. ¿Cuál de las siguientes opciones es una competencia específica de los Delegados de Prevención?

a) Tomar decisiones ejecutivas en la empresa en materia de contratación del personal.
b) Asesorar a la dirección de la empresa en cuestiones de marketing y ventas.
c) Representar a los trabajadores en asuntos relacionados con contratos de trabajo.
d) Recabar del empresario la adopción de medidas preventivas y realizar propuestas al Comité de Seguridad y Salud.

Respuesta: d) Artículo 36.2 Ley 31/1995. "Recabar del empresario la adopción de medidas de carácter preventivo y para la mejora de los niveles de protección de la seguridad y la salud de los trabajadores."

189. Los informes que deban emitir los Delegados de Prevención al empresario deberán elaborarse como máximo en un plazo de:

 a) 10 días.
 b) 15 días.
 c) 20 días.
 d) 5 días.

Respuesta: b) Artículo 36.3 Ley 31/1995. "Los informes que deban emitir los Delegados de Prevención a tenor de lo dispuesto en la letra c) del apartado 1 de este artículo deberán elaborarse en un plazo de quince días."

190. Los informes que deban emitir los Delegados de Prevención al empresario deberán elaborarse cuando se trate de adoptar medidas dirigidas a prevenir riesgos inminentes:

 a) En quince días exactamente.
 b) En diez días exactamente.
 c) En el tiempo imprescindible.
 d) En doce días exactamente.

Respuesta: c) Artículo 36.3 Ley 31/1995. "Los informes que deban emitir los Delegados de Prevención a tenor de lo dispuesto en la letra c) del apartado 1 de este artículo deberán elaborarse en un plazo de quince días, o en el tiempo imprescindible cuando se trate de adoptar medidas dirigidas a prevenir riesgos inminentes."

191. Transcurrido el plazo sin haberse emitido el informe de los Delegados de Prevención:

 a) El empresario podrá poner en práctica su decisión.
 b) El empresario deberá solicitar un nuevo y definitivo informe.
 c) El empresario deberá solicitar informe del Comité de Seguridad y Salud.
 d) El empresario no podrá poner en práctica su decisión al producirse silencio negativo.

Respuesta: a) Artículo 36.3 Ley 31/1995. "Transcurrido el plazo sin haberse emitido el informe, el empresario podrá poner en práctica su decisión."

192. La decisión negativa del empresario a la adopción de las medidas de carácter preventivo y para la mejora de los niveles de protección de la seguridad y la salud de los trabajadores propuestas por el Delegado de Prevención:

- a) Deberá ser motivada siempre.
- b) Deberá ser motivada si se refiere a riesgos especialmente graves.
- c) Deberá ser motivada si así lo establece el Comité de Seguridad y Salud.
- d) No deberá motivarse.

Respuesta: a) Artículo 36.4 Ley 31/1995. "La decisión negativa del empresario a la adopción de las medidas propuestas por el Delegado de Prevención a tenor de lo dispuesto en la letra f) del apartado 2 de este artículo deberá ser motivada."

193. El tiempo utilizado por los Delegados de Prevención para el desempeño de las funciones previstas en esta Ley será considerado como:

- a) De ejercicio de funciones de representación a efectos de la utilización del crédito de horas mensuales retribuidas.
- b) De ejercicio laboral, sin imputación al crédito horario.
- c) De trabajo efectivo, con imputación al citado crédito horario.
- d) De ejercicio de funciones de representación sin imputación al crédito horario.

Respuesta: a) Artículo 37.1 Ley 31/1995. "El tiempo utilizado por los Delegados de Prevención para el desempeño de las funciones previstas en esta Ley será considerado como de ejercicio de funciones de representación a efectos de la utilización del crédito de horas mensuales retribuidas previsto en la letra e) del citado artículo 68 del Estatuto de los Trabajadores."

194. Será considerado en todo caso como tiempo _____ el correspondiente a las reuniones del Comité de Seguridad y Salud y a cualesquiera otras convocadas por el empresario en materia de prevención de riesgos

- a) De ejercicio de funciones de representación sin imputación al crédito horario.
- b) De ejercicio de funciones de representación, con imputación al doble del crédito horario.
- c) De trabajo efectivo, sin imputación al citado crédito horario.
- d) De ejercicio de funciones de representación a efectos de la utilización del crédito de horas mensuales retribuidas.

Respuesta: c) Artículo 37.1 Ley 31/1995. "No obstante lo anterior, será considerado en todo caso como tiempo de trabajo efectivo, sin imputación al citado crédito horario, el correspondiente a las reuniones del Comité de Seguridad y Salud y a cualesquiera otras convocadas por el empresario en materia de prevención de riesgos."

195. De acuerdo al artículo 37 de la Ley 31/95, respecto a los Delegados de Prevención no es correcto:

   a) El tiempo utilizado por los Delegados de Prevención para el desempeño de las funciones previstas en esta Ley será considerado como de ejercicio de funciones de representación a efectos de la utilización del crédito de horas mensuales retribuidas.
   b) La formación se deberá facilitar siempre por el empresario por sus propios medios.
   c) El tiempo dedicado a la formación será considerado como tiempo de trabajo a todos los efectos y su coste no podrá recaer en ningún caso sobre los Delegados de Prevención.
   d) A los Delegados de Prevención les será de aplicación lo dispuesto en el apartado 2 del artículo 65 del Estatuto de los Trabajadores en cuanto al sigilo profesional debido respecto de las informaciones a que tuviesen acceso como consecuencia de su actuación en la empresa

Respuesta: b) Artículo 37.2 Ley 31/1995. "La formación se deberá facilitar por el empresario por sus propios medios o mediante concierto con organismos o entidades especializadas en la materia y deberá adaptarse a la evolución de los riesgos y a la aparición de otros nuevos, repitiéndose periódicamente si fuera necesario."

196. A los Delegados de Prevención les será de aplicación lo dispuesto en el apartado 2 del artículo 65 del Estatuto de los Trabajadores en cuanto al sigilo profesional debido respecto de:

   a) Las informaciones a que tuviesen acceso como consecuencia de su actuación en la empresa.
   b) Las informaciones para salvaguardar la privacidad de los trabajadores temporales.
   c) Las informaciones de los horarios y turnos de la empresa.
   d) Las informaciones de los salarios de los trabajadores de la empresa.

Respuesta: a) Artículo 37.3 Ley 31/1995. "A los Delegados de Prevención les será de aplicación lo dispuesto en el apartado 2 del artículo 65 del Estatuto de los Trabajadores en cuanto al sigilo profesional debido respecto de las informaciones a que tuviesen acceso como consecuencia de su actuación en la empresa."

197. Lo dispuesto en el artículo 37 de la Ley 31/95 en materia de garantías y sigilo profesional de los Delegados de Prevención _____ a la regulación contenida en los artículos 10, párrafo segundo, y 11 de la Ley 9/1987, de 12 de junio, de Órganos de Representación, determinación de las Condiciones de Trabajo y Participación del Personal al Servicio de las Administraciones Públicas.

   a) Se entenderá referido, en el caso de las relaciones de carácter administrativo o estatutario del personal al servicio de las Administraciones públicas.
   b) Se entenderá referido, únicamente a las relaciones laborales en el sector privado.

c) Se entenderá referido, únicamente a las relaciones laborales de los trabajadores autónomos.
d) Sólo se aplicarán a fabricantes, importadores y suministradores.

Respuesta: a) Artículo 37.4 Ley 31/1995. "Lo dispuesto en el presente artículo en materia de garantías y sigilo profesional de los Delegados de Prevención se entenderá referido, en el caso de las relaciones de carácter administrativo o estatutario del personal al servicio de las Administraciones públicas."

198. ¿Qué es el Comité de Seguridad y Salud en el Trabajo, según lo establecido en la Ley de Prevención de Riesgos Laborales?

a) Un servicio externo contratado por la empresa para llevar a cabo las evaluaciones y medidas preventivas necesarias.
b) Un órgano paritario y colegiado de participación destinado a la consulta regular y periódica de las actuaciones de la empresa en materia de prevención de riesgos.
c) Un departamento interno encargado exclusivamente del seguimiento y control del estado de salud de los trabajadores.
d) Un organismo gubernamental encargado de inspeccionar y sancionar a las empresas que no cumplan con las normas en materia de prevención.

Respuesta: b) Artículo 38.1 Ley 31/1995. "El Comité de Seguridad y Salud es el órgano paritario y colegiado de participación destinado a la consulta regular y periódica de las actuaciones de la empresa en materia de prevención de riesgos."

199. El Comité de Seguridad y Salud es el órgano _____ de participación destinado a la consulta regular y periódica de las actuaciones de la empresa en materia de prevención de riesgos.

a) Unitario y no colegiado.
b) Unitario y colegiado.
c) Paritario y colegiado.
d) Paritario y no colegiado.

Respuesta: c) Artículo 38.1 Ley 31/1995. "El Comité de Seguridad y Salud es el órgano paritario y colegiado de participación destinado a la consulta regular y periódica de las actuaciones de la empresa en materia de prevención de riesgos."

200. Se constituirá un Comité de Seguridad y Salud en todas las empresas o centros de trabajo que cuenten con:

a) 100 trabajadores o más.
b) 75 trabajadores o más.

   c) 150 trabajadores o más.
   d) 50 trabajadores o más.

Respuesta: d) Artículo 38.2 Ley 31/1995. "Se constituirá un Comité de Seguridad y Salud en todas las empresas o centros de trabajo que cuenten con 50 o más trabajadores."

201. El Comité de Seguridad y Salud estará formado por:

   a) Los representantes de los trabajadores, de una parte y por el empresario y/o sus representantes en número igual al de los trabajadores, de la otra.
   b) Los Delegados de Prevención, de una parte, y por el empresario y/o sus representantes en número igual al de los Delegados de Prevención, de la otra.
   c) Los Delegados Sindicales, de una parte y por el empresario y/o sus representantes en número igual al de los Delegados Sindicales, de la otra.
   d) Los Delegados de Prevención, de una parte, y por el empresario y/o sus representantes en número igual al de los trabajadores, de la otra.

Respuesta: b) Artículo 38.2 Ley 31/1995. "El Comité estará formado por los Delegados de Prevención, de una parte, y por el empresario y/o sus representantes en número igual al de los Delegados de Prevención, de la otra."

202. En las reuniones del Comité de Seguridad y Salud participarán:

   a) Con voz, pero sin voto, los Delegados Sindicales y los responsables técnicos de la prevención en la empresa.
   b) Con voz y voto, los Delegados Sindicales y los responsables técnicos de la prevención en la empresa.
   c) Con voz, pero sin voto, los Delegados Sindicales y los Delegados de Prevención.
   d) Con voz y voto, los Delegados Sindicales y los Delegados de Prevención.

Respuesta: a) Artículo 38.2 Ley 31/1995. "En las reuniones del Comité de Seguridad y Salud participarán, con voz, pero sin voto, los Delegados Sindicales y los responsables técnicos de la prevención en la empresa que no estén incluidos en la composición a la que se refiere el párrafo anterior."

203. ¿Quiénes podrán participar en el Comité de Seguridad y Salud en las mismas condiciones que los Delegados Sindicales y los responsables técnicos de la prevención en la empresa?

   a) Trabajadores de la empresa que cuenten con una especial cualificación o información respecto de concretas cuestiones que se debatan en este órgano.
   b) Técnicos en prevención ajenos a la empresa, siempre que así lo solicite alguna de las representaciones en el Comité.

c) Las dos son correctas.
d) Ninguno puede participar.

Respuesta: c) Artículo 38.2 Ley 31/1995. "En las mismas condiciones podrán participar trabajadores de la empresa que cuenten con una especial cualificación o información respecto de concretas cuestiones que se debatan en este órgano y técnicos en prevención ajenos a la empresa, siempre que así lo solicite alguna de las representaciones en el Comité."

204. El Comité de Seguridad y Salud se reunirá:

 a) Trimestralmente.
 b) Siempre que lo solicite alguna de las representaciones en el mismo.
 c) Cuando se produzca un cambio en la actividad preventiva.
 d) a) y b) son correctas

Respuesta: d) Artículo 38.3 Ley 31/1995. "El Comité de Seguridad y Salud se reunirá trimestralmente y siempre que lo solicite alguna de las representaciones en el mismo."

205. El Comité de Seguridad y Salud se reunirá:

 a) Cada cuatro meses.
 b) Anualmente.
 c) 4 veces al año.
 d) Semestralmente

Respuesta: c) Artículo 38.3 Ley 31/1995. "El Comité de Seguridad y Salud se reunirá trimestralmente y siempre que lo solicite alguna de las representaciones en el mismo."

206. Las normas de funcionamiento del Comité de Seguridad y Salud lo adoptará:

 a) El empresario.
 b) El propio Comité.
 c) El Gobierno.
 d) Se establecerán reglamentariamente.

Respuesta: b) Artículo 38.3 Ley 31/1995. "El Comité adoptará sus propias normas de funcionamiento."

207. Las empresas que cuenten con varios centros de trabajo dotados de Comité de Seguridad y Salud podrán acordar con sus trabajadores la creación de:

   a) Un comité intermodal.
   b) Un comité de intercentros.
   c) Un comité de colaboración.
   d) Un comité de representantes.

Respuesta: b) Artículo 38.3 Ley 31/1995. "Las empresas que cuenten con varios centros de trabajo dotados de Comité de Seguridad y Salud podrán acordar con sus trabajadores la creación de un Comité Intercentros, con las funciones que el acuerdo le atribuya."

208. ¿Qué facultades tiene el Comité de Seguridad y Salud en el ejercicio de sus competencias?

   a) Elaborar presupuestos para el departamento de recursos humanos.
   b) Participar en la elaboración, puesta en práctica y evaluación de los planes y programas de prevención de riesgos de la empresa.
   c) Supervisar la producción y el rendimiento de los trabajadores.
   d) Establecer políticas de marketing y publicidad.

Respuesta: b) Artículo 39.1 Ley 31/1995. "Participar en la elaboración, puesta en práctica y evaluación de los planes y programas de prevención de riesgos de la empresa."

209. ¿Cuáles son las competencias del Comité de Seguridad y Salud?

   a) Participar en la elaboración de informes financieros de la empresa.
   b) Evaluar el desempeño de los empleados en la organización.
   c) Promover iniciativas sobre métodos y procedimientos de prevención de riesgos.
   d) Realizar tareas de marketing y promoción de la empresa.

Respuesta: c) Artículo 39.1 Ley 31/1995. "Promover iniciativas sobre métodos y procedimientos para la efectiva prevención de los riesgos."

210. En el ejercicio de sus competencias, el Comité de Seguridad y Salud estará facultado para:

   a) Conocer directamente la situación relativa a la prevención de riesgos en el centro de trabajo, realizando a tal efecto las visitas que estime oportunas.
   b) Conocer y analizar los daños producidos en la salud o en la integridad física de los trabajadores, al objeto de valorar sus causas y proponer las medidas preventivas oportunas.
   c) Conocer e informar la memoria y programación anual de servicios de prevención.
   d) Todas son correctas.

Respuesta: d) Artículo 39.2 Ley 31/1995. "Conocer directamente la situación relativa a la prevención de riesgos en el centro de trabajo, realizando a tal efecto las visitas que estime oportunas. Conocer y analizar los daños producidos en la salud o en la integridad física de los trabajadores, al objeto de valorar sus causas y proponer las medidas preventivas oportunas. Conocer e informar la memoria y programación anual de servicios de prevención."

211. A fin de dar cumplimiento a lo dispuesto en esta Ley respecto de la colaboración entre empresas en los supuestos de desarrollo simultáneo de actividades en un mismo centro de trabajo se podrá acordar la realización de reuniones conjuntas de:

- a) Los Comités de Seguridad y Salud o, en su defecto, de los Delegados de Prevención y empresarios de las empresas que carezcan de dichos Comités, u otras medidas de actuación coordinada.
- b) Los Delegados de Prevención o, en su defecto, de los Comités de Seguridad y Salud y empresarios de las empresas que carezcan de dichos Comités, u otras medidas de actuación coordinada.
- c) Los Comités de Seguridad y Salud o, en su defecto, de la Inspección del Trabajo y empresarios de las empresas que carezcan de dichos Comités, u otras medidas de actuación coordinada.
- d) Los empresarios o, en su defecto, de los Delegados de Prevención y empresarios de las empresas que carezcan de dichos Comités, u otras medidas de actuación coordinada.

Respuesta: a) Artículo 39.3 Ley 31/1995. "A fin de dar cumplimiento a lo dispuesto en esta Ley respecto de la colaboración entre empresas en los supuestos de desarrollo simultáneo de actividades en un mismo centro de trabajo, se podrá acordar la realización de reuniones conjuntas de los Comités de Seguridad y Salud o, en su defecto, de los Delegados de Prevención y empresarios de las empresas que carezcan de dichos Comités, u otras medidas de actuación coordinada."

212. ¿Qué pueden hacer los trabajadores y sus representantes si consideran que las medidas adoptadas por el empresario no son suficientes para garantizar la seguridad y la salud en el trabajo?

- a) Solicitar una reunión conjunta con los inspectores de trabajo.
- b) Presentar una queja formal al Comité de Seguridad y Salud.
- c) Recurrir a la Inspección de Trabajo y Seguridad Social.
- d) Contratar a un abogado laboral para llevar el caso a los tribunales.

Respuesta: c) Artículo 40.1 Ley 31/1995. "Los trabajadores y sus representantes podrán recurrir a la Inspección de Trabajo y Seguridad Social si consideran que las medidas adoptadas y los medios utilizados por el empresario no son suficientes para garantizar la seguridad y la salud en el trabajo."

213. Durante las visitas de la Inspección de Trabajo y Seguridad Social a los centros de trabajo, ¿a quién debe comunicar su presencia el inspector?

- a) Únicamente al empresario o a su representante.
- b) Al Comité de Seguridad y Salud y al Delegado de Prevención.
- c) A los representantes legales de los trabajadores en ausencia del Delegado de Prevención.
- d) A todas las opciones mencionadas.

Respuesta: d) Artículo 40.2 Ley 31/1995. "El Inspector de Trabajo y Seguridad Social comunicará su presencia al empresario o a su representante o a la persona inspeccionada, al Comité de Seguridad y Salud, al Delegado de Prevención o, en su ausencia, a los representantes legales de los trabajadores."

214. ¿A quién informará la Inspección de Trabajo y Seguridad Social de las visitas a los centros de trabajo y sobre las medidas adoptadas como consecuencia de las mismas?

- a) A los Delegados de Prevención.
- b) Al Comité de Seguridad y Salud.
- c) Al empresario.
- d) a) y c) son correctas.

Respuesta: d) Artículo 40.3 Ley 31/1995. "La Inspección de Trabajo y Seguridad Social informará a los Delegados de Prevención sobre los resultados de las visitas a que hace referencia el apartado anterior y sobre las medidas adoptadas como consecuencia de las mismas, así como al empresario."

215. La Inspección de Trabajo y Seguridad Social informará a los Delegados de Prevención sobre los resultados de las visitas a que hace referencia el apartado anterior y sobre las medidas adoptadas como consecuencia de las mismas, así como al empresario mediante diligencia en el:

- a) Libro de Diligencias que puede existir o no en cada centro de trabajo.
- b) Libro de Diligencias que debe existir en cada centro de trabajo.
- c) Libro de Visitas de la Inspección de Trabajo y Seguridad Social que debe existir en cada centro de trabajo.
- d) Libro de Visitas de la Inspección de Trabajo y Seguridad Social que puede existir o no en cada centro de trabajo.

Respuesta: c) Artículo 40.3 Ley 31/1995. "Libro de Visitas de la Inspección de Trabajo y Seguridad Social que debe existir en cada centro de trabajo."

216. ____ serán consultadas con carácter previo a la elaboración de los planes de actuación de la Inspección de Trabajo y Seguridad Social

    a) Los Delegados de Prevención.
    b) El Comité de Seguridad y Salud.
    c) Las organizaciones sindicales y empresariales más representativas.
    d) El empresario.

Respuesta: c) Artículo 40.4 Ley 31/1995. "Las organizaciones sindicales y empresariales más representativas serán consultadas con carácter previo a la elaboración de los planes de actuación de la Inspección de Trabajo y Seguridad Social."

217. Las organizaciones sindicales y empresariales más representativas serán consultadas _____ a la elaboración de los planes de actuación de la Inspección de Trabajo y Seguridad Social

    a) Con carácter posterior.
    b) Con carácter previo.
    c) Sin ningún carácter.
    d) Con carácter retroactivo.

Respuesta: b) Artículo 40.4 Ley 31/1995. "Las organizaciones sindicales y empresariales más representativas serán consultadas con carácter previo a la elaboración de los planes de actuación de la Inspección de Trabajo y Seguridad Social."

218. Las organizaciones sindicales y empresariales más representativas serán consultadas con carácter previo a la elaboración de los planes de actuación de la Inspección de Trabajo y Seguridad Social en materia de prevención de riesgos en el trabajo, en especial de los programas específicos para empresas de:

    a) Menos de 6 trabajadores.
    b) Más de 6 trabajadores.
    c) Menos de 50 trabajadores.
    d) Más de 50 trabajadores.

Respuesta: a) Artículo 40.4 Ley 31/1995. "Las organizaciones sindicales y empresariales más representativas serán consultadas con carácter previo a la elaboración de los planes de actuación de la Inspección de Trabajo y Seguridad Social en materia de prevención de riesgos en el trabajo, en especial de los programas específicos para empresas de menos de seis trabajadores, e informadas del resultado de dichos planes."

www.ingramcontent.com/pod-product-compliance
Lightning Source LLC
Chambersburg PA
CBHW062315220526
45479CB00004B/1184